決定版！

地域創生の本質

イノベーションの軌跡

人間マグロの人生！

今、その真髄と手法のすべてを語る！

木村俊昭

ぱるす出版

はじめに

日本や海外の地域の現場へ、年間100か所ほど訪ねています。そのときによく聴くことは、

「私のまちは特徴あるものが何もない」

「ほかのまちと何ら変わらない」

などの「ないない節」なのです。

しかし、地域創生の基本は「ないものねだり」ではなく、「あるもの探し」から始まるのです。私は、大学生時から今日までの約40年間、日々、地域の現場へ入ってきました。その実体験からすると、どの地域にも、希少性のある、誇りの持てる産業・歴史・文化などの宝もの、つまり「ひと」「こと」「もの」があるということです。直近の10年間で訪ねた地域は1000か所を越えますが、そうした「実感」はいささかも変わりません。

日本の地域は「人口減少」「基幹産業の衰退」「少子高齢化の進展」など、まちの底力が弱体化しているのが現状です。特に被災地、離島や過疎地域では、必死に努力しても、先が見通せない状況が続いています。一方、海外からは、私に人口増加による食料確保など、農林

水産業振興、地域開発やリーダー人財の養成などの協力依頼を受けることが多いのです。

大切なことは、問題点から課題を発見し、「五感六育®」分析から基幹産業（付加価値額）を分析し、その上で現場を何度も歩き、ヒアリング（多くの声を聴く）をすることです。

いうまでもなく「五感」とは「視覚」「聴覚」「触覚」「味覚」「臭覚」であり、「六育」とは「知育」「食育」「木育」「遊育」「健育」「職育」です。この「五感六育®」は私の造語で人体に「五臓六腑」が大切なように、地域創生には「五感六育®」が大切とのことからです。

未来に向け、その「六育」のバランス、そして「タイミング」「スピード」「パワー」「ひとネットワーク」による事業構想を真のパートナーと指標《ものさし》を決め、着実に実現することがとても大切です。そして、これを持続するためには、ストーリー（物語）を描き、実際にそれをなし得る「リーダー・プロデューサー人財」の養成とその定着こそが最重要なのです。

本書では「～すべき」といった裏付けのない紋切り型の空理空論を排しました。私自身の幼少期から今日までの実体験に基づくこと、また地域創生に関する約40年間の調査・研究により解明したことを盛り込みました。

ところで「地域創生の本質」とは何でしょうか？　それは、

⑴実学・現場重視の視点

⑵全体最適思考

⑶産官学金公民連携によるストーリー（物語）戦略

を事業構想し、同時に実践し得るリーダー・プロデューサー人財の養成と定着です。

アリストテレスは「フロニーモス（Phronimos）」と呼び、「心を研ぎ、イノベーションを興す」人財の「あるべき姿」に苦心していました。日本においては多数のフロニーモスが輩出され、近代国家への偉大な変化や第二次世界大戦後の躍進が想い出されます。

そこで私は事業構想と人財養成プログラムを同時に実践するにあたり、特に、①順番（重要性と緊急性、現状に疑問を持て！）②視点（固定観念を捨てろ！）を踏まえ、全体最適な希少性あるストーリー（物語）戦略が重要と考えています。

２０２０年度からは東京農業大学や東京大学大学院などで「地域創生講座」を開講することにしています。これに先立ち、平成29（２０１７）年8月26日、「日本地域創生学会」は「全体最適」「五感六育®」思考で、学術的研究や政策提言を実践し、地域の未来を担うキーパーソン人財の養成とネットワーク構築を目的に東京大学にて設立しました。

先駆的モデルの創発として、現在、次のことを実践・推進しています。

⑴全体最適思考による地域創生・ＳＤＧｓのモデル自治体形成

(2)防災減災・食・物流・情報・省エネ（避難所）の新たな拠点の形成
(3)マスメディアと連携によるインバウンド・特産品開発等のアンケート調査・分析（観光産業振興）
(4)「五感六育®」による地元が中心に創る映画の制作（5分もの）
(5)働き方改革「快適なオフィス環境」（ソフト・ハード）の実現
(6)「五感六育®」の健育の推進（ダンス、足指運動、回想法等）
(7)自販機による被災地、離島、過疎地域等の商品販売戦略
(8)「地域創生講座」（東京農業大学、東京大学大学院等）の開講など

ちなみにＳＤＧsとは、Sustainable Development Goals（持続可能な開発目標）の略称で、平成27（２０１５）年9月に国際連合で開かれたサミットの中で世界のリーダーによって決められた国際社会共通の目標のことです。この会議では令和12（２０３０）年までの長期的な開発の指針として「持続可能な開発のための２０３０アジェンダ（予定表）」が採択されました。

そして、前述8項目の推進実績は、令和2（２０２０）年8月29日（土）13時からの日本創生学会総会・研究大会（恵庭市・北海道文教大学にて開催）において、さらに２０２１年の東京大会において詳細に発表します。

「あなたは、どの分野の何をどこまで明らかにし、どこからを次世代へ引き継ぐのですか？」

大切なことは、地域の光り輝く「ひと」「こと」「もの」や、これまでの知恵を最大限に活かし、国内外の課題解決に貢献することなのです。

私は、これからも、国・自治体、大学や研究機関等とともに、日本の地域をはじめ、ASEAN諸国などに、地域創生モデルと地域創生リーダー・プロデューサー人財の養成など、「真心」「恕《じょ》」と「志」を持ち、「好き・楽しい・おもしろい」、笑顔・感動と感謝を大切にしながら、「できない」を「できる！」に変えるため、真のパートナー・ブレーンとともに事業構想し、ストーリー（物語）戦略を実践していく考えです。

ぜひ、本書を何度となく熟読いただき、「地域創生の本質」をご理解のうえ、どうぞ実践ください。国内外に先駆的な事例、地域創生モデルが創発されることを心から願っているところです。いつもありがとうございます。

2020年3月25日

木村　俊昭

決定版　地域創生の本質　目次

第2章　高校・大学時代

第3章　小樽市役所時代

Ⅱ　地域創生のあるべき姿―新たな「豊かさの指標」とは何か？

【本書収録の図表一覧】

恕

地域創生のたいせつな論点整理

ストーリー（物語）戦略の重要性

何事にもストーリー（物語）戦略が重要です。行政の総合計画、総合戦略にも、企業の事業構想や、その実践においても、ストーリー戦略が必要なのです。

たとえば、根室市ではウニが獲れます。同市の若手経営者等は、地域全体を活性化する「もの」として、海産物、特にウニに注目しています。地域創生の視点から捉えると、根室市のウニには「希少性」という「強み」があるのです。

私が訪れている地域の現場では何が大切なのか、「あるべき」姿などを分かりやすく説明します。

まず、きっかけとして、自治体や経済団体などから「地域に入ってほしい」という依頼が来ます。この依頼は、その多くが「講演をお願いします」とか「現場を見てアドバイスしてほしい」「地域の皆さんのモチベーションを高めてほしい」などというものです。

その理由を聞くと、「自分のまちのよさがよく分からない」「いろいろイベントはしているが、持続しないし、高まらない」「何がまちの宝ものなのかが分からないので、外から見てそれを発見してほしい」「まちの将来ビジョン、総合計画、総合戦略を自分たちの力で作成したいので協力してほしい」など、ということでした。

多くの自治体では、自分が住み暮らすまちであっても、まちの「強み」と「弱み」が正確に分からないという状態に陥っています。他のまちと比較してみないと、そのまちにある「いいもの」に気づくことができません。しかし、実際には、それぞれのまちに「いいもの」はあるのです。

私は「ひと育て」「まち育て」において「五感六育®」を唱えています。地域の「ひと」「こと」「もの」を地元の皆さんと五感分析していくと、その地域の「いいもの」がよく見えてきます。具体的には、1月から12月までに分類しながら、そのまちで「強み」と想われているものを掘り起こしていきます。さらに、まちには「弱み」と思われているものもあります。しかし、その中には他から見れば「強み」であるものも含まれているのです。

たとえば、雪が降らないまちの人にとっては、雪の降るまちというのは、ぜひ見てみたいものなのです。ところが、雪の降るまちの人にとっての雪は「弱み」でしかありません。「嫌だなあ」と感じているものなのです。そこで、雪の降らないまちの人に、雪の時期に防寒着を着てもらい、屋外に出て、

「今日は滅多に体験できない地吹雪が起きています。皆さん防寒着を着ましたか。それでは、これから体験しましょう！」というと、とても喜んでいただけます。しかもすごく楽しかっ

たといって参加費を払ってもらえます。それを地元の人たちは、「何をやっているのだろうね？　あの人たちは！」と思って見ているのです。これが、「自分のまちで弱みと思っていることが、強みになることもある」ということです。

「ひと」は自ら知り気づくと行動する

この経験から、地元の人たちは、自分の嫌なこと、すべてが弱みではないということに知り気づくわけです。

自ら知り、気づかなければ、人はけっして行動に移しません。私が最初に「このようにしてはいかがですか」と提言してしまうと、自ら知り気づいたことにならず「やらされ感」が生まれることでしょう。そのため、私がやるべきことは、自ら知り、気づいてもらうための環境や機会を創っていくということなのです。

「こうしたらいいですよ」「ああしたらいいですよ」と言葉で伝えることではありません。もちろん、私は「この地域《まち》はこうしたらいいのにな」、また、「このような希少性を発揮して、それをストーリー（物語）にして、多くの人たちが参加できるようになるといいな」「部分・個別ではなく、しっかりとまとめ上げて、一緒になってそれを展開することが必要だな」などの考えは持っています。

しかし、それを先に言ってしまうと、「これは木村提案だ」ということになってしまいます。そうすると、なんだかやらされているような気持ちになり、また「次に何をすればいいのですか」と指示待ちをするようになってしまうのです。

まず最初にすべきこと

私は地域の現場に入ると、まずは、「皆さんで、重要性と緊急性を確認し、最初に何をすべきなのか、順番を決定し、視点を変えてストーリーを作成してみましょう」としています。そして、何をもって自分たちのパフォーマンスが高まるのか、モチベーションが上がるのかに知り気づいてほしいと伝えます。そこで⑴知り気づきカード、⑵バケットリスト、⑶本業（仕事・ライフワーク）50年カレンダーの作成方法を説明し、実施していただきます。また人脈ネットワーク図の作成を実施していただきます。（図表1～2）

自分は何が好きで楽しく、おもしろいと感じるのかを自己分析し、自己理解のうえ、まち分析をし、まちに理解をいただくものです。

図表1　(1)知り気づきカード（各日）

✓
✓
✓
✓
〜

年　月　日　　氏名

✓
✓
✓
✓
〜

年　月　日　　氏名

(2)バケットリスト（1〜2年）

	目　標	期　限
1		年　月　日
2		年　月　日
3		年　月　日
4		年　月　日
5		年　月　日
6		年　月　日
7		年　月　日

(3)本業（仕事・ライフワーク）50年カレンダー

2000年〜2050年

2000年	1 2 3 4 5 6 7 8 9 10 11 12	
2001年	1 2 3 4 5 6 7 8 9 10 11 12	
2002年	1 2 3 4 5 6 7 8 9 10 11 12	
2003年 〜	1 2 3 4 5 6 7 8 9 10 11 12	
2050年	1 2 3 4 5 6 7 8 9 10 11 12	

（著者作成）

図表2　木村式人脈ネットワーク図

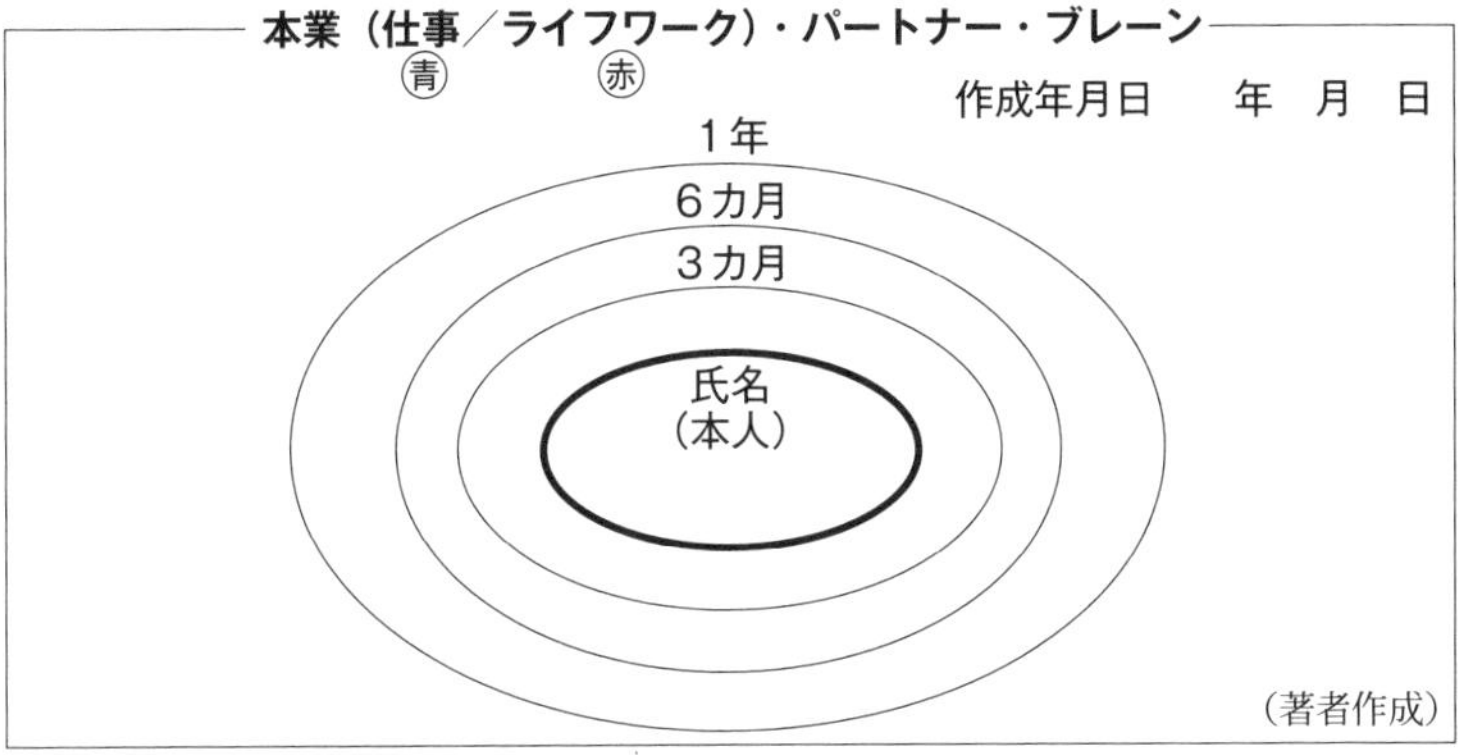

（著者作成）

「これが好きだ」「これが楽しい」とか「おもしろい」と思えることで表現していかないと、人は実践が苦痛になっていきます。「やってもいいのだけれど、億劫、面倒だな」と思ってしまうものなのです。

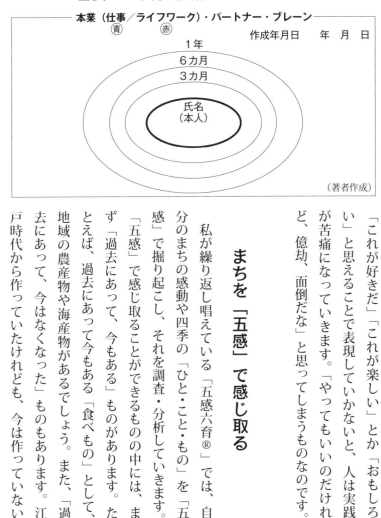

まちを「五感」で感じ取る

私が繰り返し唱えている「五感六育®」では、自分のまちの感動や四季の「ひと・こと・もの」を「五感」で掘り起こし、それを調査・分析していきます。「五感」で感じ取ることができるものの中には、まず「過去にあって、今もある」ものがあります。たとえば、過去にあって今もある「食べもの」として、地域の農産物や海産物があるでしょう。また、「過去にあって、今はなくなった」ものもあります。江戸時代から作っていたけれども、今は作っていない野菜などです。

そして「過去になくて、今はある」ものもあるのではないでしょうか。分かりやすい例は北海道の米です。寒冷地ということで、以前は北海道では稲作がほとんどできませんでした。できてもおいしくはなかったですね。しかし、品種改良や地球温暖化の影響、それに中山久蔵ら先人たちの血のにじむような努力により、現在は日本有数の米どころとして、おいしい米を生産しています。

さらに「過去になくて、今もない」ものを調査・分析します。これについては、まちの「フューチャーデザイン・ストーリー」として、過去から現在をよく見つめ、未来をどうするのがいいのかを描いていきます。「今」をよく見ると、過去から現在において、地場産業が興っています。ところが、それをずっと持続するということは、かなり難しいことです。過去から現在をしっかり調査分析し、未来をどう描いていくのか。そのストーリー（物語）を創り上げることができないと、結局は「今まではよかったよね」「以前はほんとよかった」「あの時はよかった」ということになってしまいます。（図表3）

過去から現在をみた時、自分のまちの基幹産業は何なのか。多くの人を雇い、給料を払い、税金を納めているのは、どの業種なのかというランキング表を作り、ベスト10を明らかにします。そして、自分たちのまちの希少性のある「ひと」「こと」「もの」を掘り起こします。

図表3　ストーリー（物語）戦略が最重要！

（1）	過去にあり	今もある
（2）	過去にあり	今はなし
（3）	過去になし	今はある
（4）	過去になし	今もない

五感分析（感動・四季）

○テーマ「食」

		1　月	2　月	3　月	4　月	5　月		～12月
食	農作物	✓―― ✓――	✓―― ✓――	✓―― ✓――	✓―― ✓――	✓―― ✓――		✓―― ✓――
	海産物	✓―― ✓――	✓―― ✓――	✓―― ✓――	✓―― ✓――	✓―― ✓――		✓―― ✓――

⇩

○「食」の１つずつを五感で分析（強み・弱み）

	食	観	体験	聴	香	人物 催し物等
菜の花	✓―― ✓――	✓―― ✓――	✓――	✓――	✓――	

⇩

○「ひと」・「こと」・「もの」を入れて『一覧表』を作成

－まちの希少性・あるもの探し－

→基幹産業分析

（付加付価額ベスト 10）

↓　※RESAS（地域経済分析システム）

「現場」ヒアリングの徹底

↓

「六育」環境のバランス検証

↓

⇩

○ストーリー（物語）・脚本の作成と実践

（著者作成）

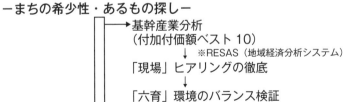

図表4 実学・現場重視のストーリー（物語）の書き方

ストーリー調査研究の進め方

①ストーリーの構想	②ストーリーの収集	③ストーリーの執筆
課題発見と選択 テーマ設定 「仮説」設定	論文のスケジュールの作成 文献・資料調査 資料研究・分析	全体の構成 目次の順番 注・参考文献の作成

トピックスと課題の設定

①トピックスの設定	②課題の設定
時間内に問題解決できるか？ ストーリー作成に必要資料があるか？ その領域で誰も論じてないテーマがあるか？ 社会にインパクトがあるか？ 社会に問題解決の価値があるか？	価値のあるテーマか？ 時間内で解決できるのか？ 疑問形のテーマ設定しているか？ 具体的な課題設定か？ 全体最適思考となっているか？

研究方法

①ストーリー作成の研究方法	②研究カード・ノートの作成	③情報・データの分析
資料の収集・整理方法 文献・ヒアリング調査 分析 定量・定性分析	資料による研究 カード・ノートの作成 データベース・図表の作成	キーワード探し 実学・現場重視 問題の構造把握 新しいアイデアの創発 ブレーンストミング・対話

資料収集

利用資料の選定

図書館のカード目録	参考文献
各種データベースの利用	インターネットの活用
現地・現場調査の徹底	国内外の関係者へのインタビュー

（著者作成）

これが、過去から現在にかけて、地域が「食べていく」、経済活性化のための仕組みです。次世代に向けて、どういうものを創り上げていかなければならないのかという、このストーリー（物語）ができなければ、地域の皆さんは想い想いでバラバラに動いてしまいます。

それでは、けっして効果が上がりません。部分・個別に動いているエネルギーをまとめないと大きな力にはなりません。自分のまちのもつ様々なものがいかに繋がっていくのか。そのストーリーを広聴・傾聴・対話をし、その後に広報することにより創り上げていくのです。

ちなみにストーリー人口とは自分たちで創るストーリーに関われるひとの地域外（国内外）の人口のことですが、国内外を見据えたストーリー人口の増加を目指すべきなのです。（図表4）

「六育」成功の秘訣はバランス力

「五感分析」の次は「六育分析」です。『六育』とは、「知育」「木育」「食育」「遊育」「健育」「職育」です。「知育」とは、自ら知り、気づきの機会の創発です。ひとは自ら知り気づくことにより実践行動し、知識が「知恵」になります。

「木育」とは、木に関する理解を深めるほか、感性や自然への親しみ、森林や環境保全に取り組むことです。木に親しむ広場づくりなどを通じて広げています。

「食育」とは、食に関する知識を教え込むこと、適切に食を選択し健全で健康な食生活をすることです。特に、5つの味（酸味、苦味、甘味、塩味、旨味）を何度となく体験し、味蕾《みらい》を刺激し、脳を鍛えることでもあります。

「遊育」とは、将来の生活に必要な基本行動を体を使った遊びのなかからバランスよく身につけてもらうことです。特に「考える力」を子どものうちに会得することが大切です。

「健育」とは、人生100年時代を元気に生きるため、日頃から運動を通じて健康増進を図るものです。特にダンス、足指運動や回想法等の実践です。

「職育」とは、ひとが生活する上で大切な働く意義や選択方法を習得することです。特に健常者・障害者が共に働く環境の創発が重要です。

また、キャリア教育のプログラム作成と実践です。この「六育」環境のバランスを、次世代にどのようにしていくのかを考える時には、順番や視点を大切に固定観念にとらわれないことが大切です。（図表5）

「ひと」「こと」「もの」の順番や、弱みを強みに変えることができるかどうかの視点を変えていくのです。そして、ストーリー（物語）を描き、指標を決めます。指標とは、いわゆる「ものさし」です。

図表５ 「六育」バランス

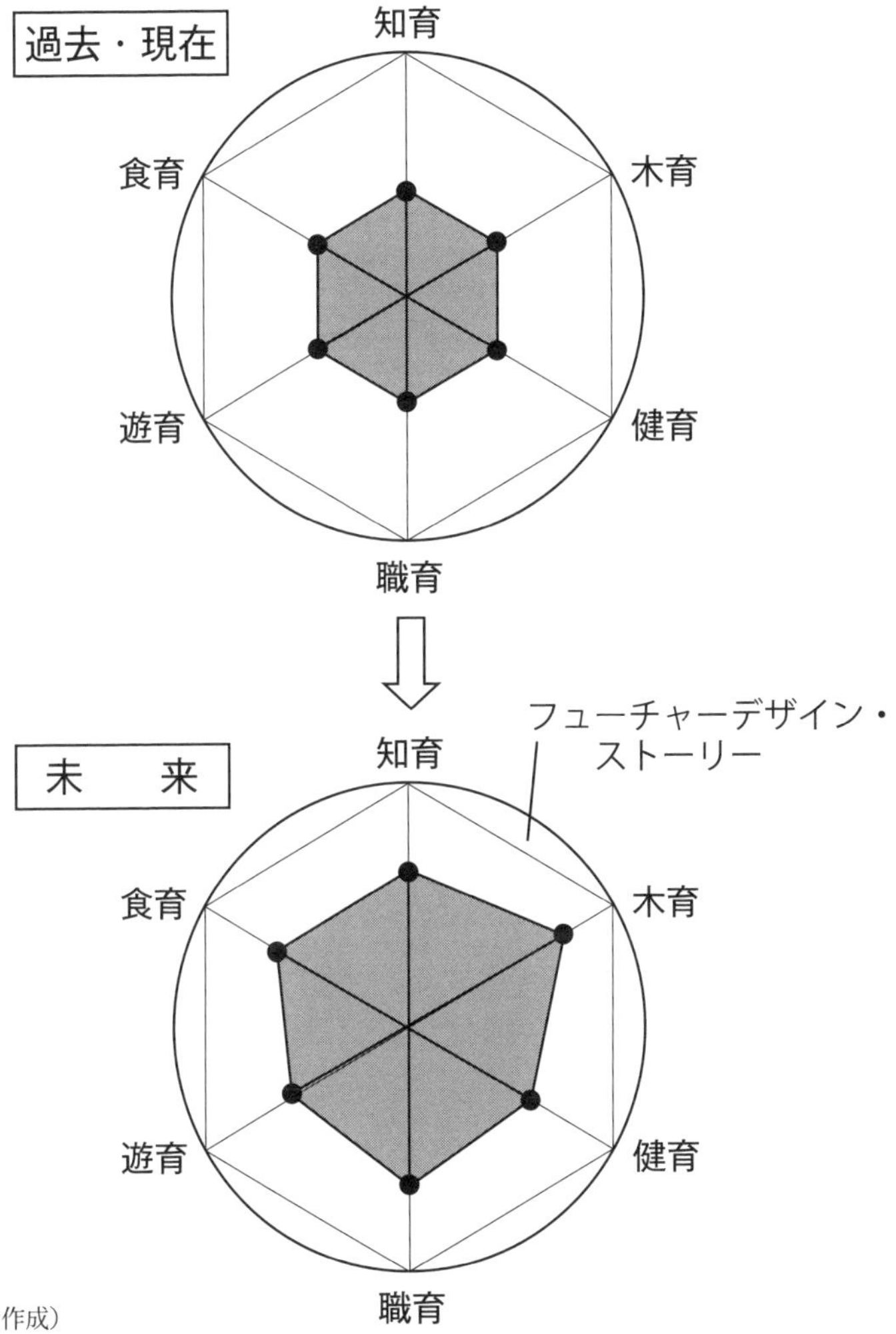

（著者作成）

「なんとなくうまくいっている」「なんとなくうまくいっていない」ということではなく、しっかりと指標を決めて検証するということです。それは、指標ある全体最適なストーリー（物語）を作成するということです。私が携わっている全国各地の地域で実践しています。そのことを論文等により明らかにしていくことが次世代が進化するためには重要といえます。

人財養成が実現のカギ

地域創生は次世代に繋がっていかなければなりません、つまり持続していかなければならないものです。実行するのは「ひと」であり、人財養成プログラムが必須なのです。

「地元に戻りたいけれど、働くところもないし、起業する環境でもない」というのでは、地域にひとは定着しませんし、域外に働きに出ているひとが戻りたくても戻れません。

そうならないためには、まちの「フューチャーデザイン・ストーリー」によって先を見通した地場産業を創発することです。新たに創造する場合には、それに応じた地元の人財を高校や大学等と連携して育む環境づくりが必要です。

事業構想と同時に、それに応じた人財養成プログラムを導入するのです。これを実践しないと、いざ事業を興しても「ところで、これは誰が主体でやるの？」ということになってしまいます。持続するためにも人材養成がカギとなります。

まずは自己分析から

ストーリー（物語）とは「脚本」のことです。

「誰が、いつ、どのような役割を果たすのか」ということがストーリーに明記されていないと、いいことなのは確かなのだけれども、自分が何をするべきかわからないし、そうなると「誰かがやってくれるだろう」という雰囲気が生じてしまいます。いわゆる当事者感覚が欠如してしまうのです。

このストーリー（物語）の前段に必要なことは「自己分析」なのです。地域創生に関わる人は、まず自分のことをよく分析してみることです。自分が何者か分からないと、動くことができません。自分には、どんな強みがあって、どんな弱みがあるのか。保育園・幼稚園から、小学校、中学校、高校、大学や大学院、そして社会人へと成長しても、自分の強みや弱みは、意外に変わらなかったりするものです。自分史年表も作ってみましょう。併せて「まち年表」も作ってみると、まちにおける自分の位置がよく分かります。（図表6）

図表6　自己分析 → まち分析へ

	幼稚園 保育園	小学校	中学校	高校 大学	社会人
強	粘り強い	健康 元気	活発	挑戦	責任感
弱	落ち着き なし	あがり症	あがり症	プレゼン力	司会進行

図表7　自分史年表 → まち年表へ

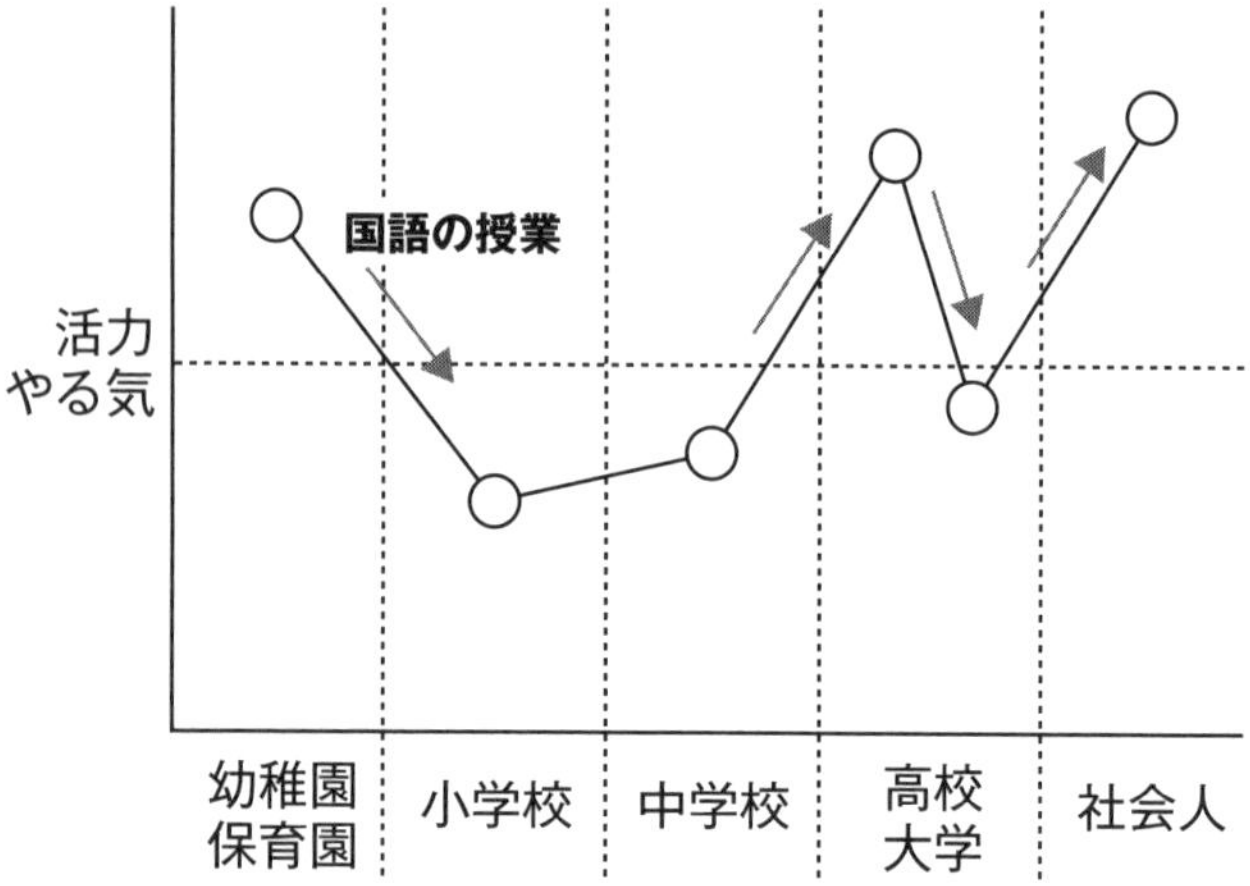

※何をもって活力、やる気が上下したのか活力、やる気はどのように上がったのかを自分で冷静に分析してみること

（著者作成）

たとえば、「態度や行動に落ち着きがない」「不注意で失敗しがちである」などといった「ひと」の特徴は、なかなか変わらないものです。それをじっくりと自己分析し、自己理解することが、大事なのです。そして、自己理解をしたら、強みをより強くする、弱みを強みに変えることです。その際、重要性・緊急性に応じて、その順番を先に決めないと、あれもこれもということになってしまいます。

既述しましたが、「こうすべき、ああすべき」という知識は、本を読んだり、研修に参加すれば、分かるものです。しかし、誰がそれをやるのか、という肝心なことがいつも抜けてしまうのです。大事なことは、やるべきことのうち、どのことを自分ができるのかということをよく考えることなのです。そのためにも、自分は何者なのかということを知らなければなりません。

学生を見ていると実に興味深いのですが、この前には、英語を勉強していたと思ったら、次にフランス語の勉強を始めたりしています。そこで、

「あなたは何語を身につけたいの？」と聞くと、

「全部、中途半端なんです」と答えます。そうならないためには、

「自分の強みをより強くする」「弱みのうち、これだけは今のうちに強みに変えておく」ということの優先順位を決めないといけません。それを決めた上で順番に取り組んでいくので

す。そして取り組んだ後、弱みとして残ったものはどうするのかというと、偶然ではなく必然として、それをフォローしてくれる真のパートナー・ブレーンを探し、ひとネットワークを構築していくということになります。

真のパートナー探し

落ち着きがないお父さんと、落ち着きがないお母さんがいたら、これは大変ですね。お父さんが落ち着きがない方であったなら、お母さんには「ちょっと待って。それはいいことなのかもしれないけれど、もう少しこのように考えてみたら？」と言ってくれる方が、パートナーとなってくれないと実に困りものです。

会社であれば、すぐ突っ走ってしまう方には、「こういう調査・分析が必要なのでは？」と言ってくれる方や、サポート役の真のパートナーが必要なのです。偶然ではなく必然で、弱みをフォローしてくれるパートナー探しをしていくことが一度の人生には重要となります。

自己分析して自己理解するからこそ、そこに辿り着くのです。これを実践していなかったら、常に偶然によって、パートナーと知り合い、付き合っていくことになります。

そうしますと、ひとネットワークは、おそらく偶然に出会った方でできあがってしまいます。ところが、自己分析をして自己理解をしていくと、パートナーは「必然で選ぶ」べきものということがよく分かります。

自分はこういう部分が弱いけれど、そこに時間をかけることができない。英語は上手ではないが会話ぐらいはできる方が、英語を徹底的に上達させるべきかを悩んだ時に、世の中には通訳という職業の人がいることに気づきます。

そこに約3000時間をかけて習得するよりも、自分の優先順位を考えて、別のことに時間をかけた方がよいというものがあるでしょう。そして強みをより強くした方が、一度の人生で希少性を発揮できます。英語を話すことができる方は、多数いるでしょう。では、自分はどこに時間をかけるべきなのか。自己理解をすることで、それがよく見えてくるのです。

学校では教えないこと

自己分析によって、自己理解をしたら、次に大切なのは、他者を理解してはじめて、「相互理解」になるということに知り気づくことです。これは恋人や結婚相手を選ぶことと同じです。もちろん、コミュニケーションは大切です。

相手をよく理解するということは、言い換えれば、相手が何を求めているのか、その強い欲求に知り気づくことです。食欲旺盛な方に「今日は食事抜きで頑張ろう」と言ったら、相手は「何で食事抜きなんですか！」と怒ることでしょう。

自己分析して、自己理解をしたら、次は他者を理解する。いわゆる「相互理解」とする。これが「人間関係づくり」なのです。

これは、高校、大学や大学院では教えないことです。そのため、社会人になった時に、「何で自分はこんなに頑張っているのに誰も評価してくれないのだろう」という疑問をもつようになるのです。他者を理解してはじめて、相互理解となることに知り気づいていないために、「自分が、自分が」となり、チームワークを築くことができないのです。

なぜこのようなことを取り上げるのかというと、これは職場の人間関係だけでなく、地域でも同じだからです。

地域でもよく「私が、私が、」とつい行動してしまいます。相手があって、他者を理解してはじめて、相互理解になるのですが、そういうストーリー（物語）を実践していなければ、それぞれが自由に、好き勝手に動いてしまいます。

そういうことではないのだということを、自ら知り気づくこと、そして、自己分析し、自己理解から、他者分析をして、他者理解をすることが大切なのです。

また学校では教えないことにプレゼンテーションの仕方や履歴書の書き方があります。ここで少し触れることにしましょう。

まず、プレゼンテーションの仕方です。大切なポイントはシンプルさです。次に意外性、具体性、信頼性、そしてストーリー性なのです。

履歴書の書き方では、この自己分析を通じ、自らこれまでにどのように強みをより強く、弱みを強みに変える努力してきたのかがしっかり描かれているかが重要となります。一度の人生は、一人ひとりのとても大切なストーリー（物語）の実現なのです。

強みをさらに研く

それでは、次に自己分析をまち分析に置き変えてみましょう。（図表7）
私は、まず「まちを五感分析して、まちのことを理解しましょう」と伝えます。そして、自分のまちの希少性を掘り起こしてもらいます。その後には他者、つまり周辺のまちの理解です。他のまちが実践していることを見て、「うちにも加工所がほしい」「空港がほしい」とないものねだりをするのではなく、それは他のまちにすでにあるということに知り気づくことなのです。そして、自分のまちにないものを探し創ろうと考えるのではなく、すでにあるまちと組むことなのです。

今、考えるべきことは「自分のまちの強みをより強くすること」であり、お互いに大切な時間を活かすことなのです。自分のまちの弱みであると思っていることが、インバウンドで、海外観光客から見れば、強みかもしれません。それは、冒頭に述べた雪のことなどで理解いただけると考えます。

その希少性を発揮したストーリー（物語）を実践しないと、「あれも欲しい」「これも欲しい」と、自分のまちの「ないものねだり」ばかりをして、「あるもの探し」をしないという状態になってしまいます。

「五感分析」の方法

それでは「五感分析」とは、どのように実践したらよいのでしょうか。「五感」とは言い換えると「食」「観」「体験」「聴」「香」です。このことに関して、1月から12月までを掘り起こし、「ひと」「こと」「もの」を洗い出します。

たとえば、農作物を作る「ひと」がいます。これは生産して出荷するほかに、農業祭などで「こと」として体験することもできます。そして、出来上がった農作物の「もの」があります。その「ひと」「こと」「もの」を整理していくのです。

図表8　基幹産業分析（付加価値額ベスト10）

	地域経済分析システム（RESAS）	現場回りとヒアリング
1	製造業	卸・小売業
2	卸・小売業	製造業
3	建設業	福祉介護業
4	福祉介護業	建設業
5～10	……	……

基幹産業分析（付加価値額ランキング）

順位	業　　種	主な企業	参考事項（研究開発・新規事業等）
1			
2			
3			
4			
5			
6			
7			
8			
9			
10			

図表9　重要性とパフォーマンス

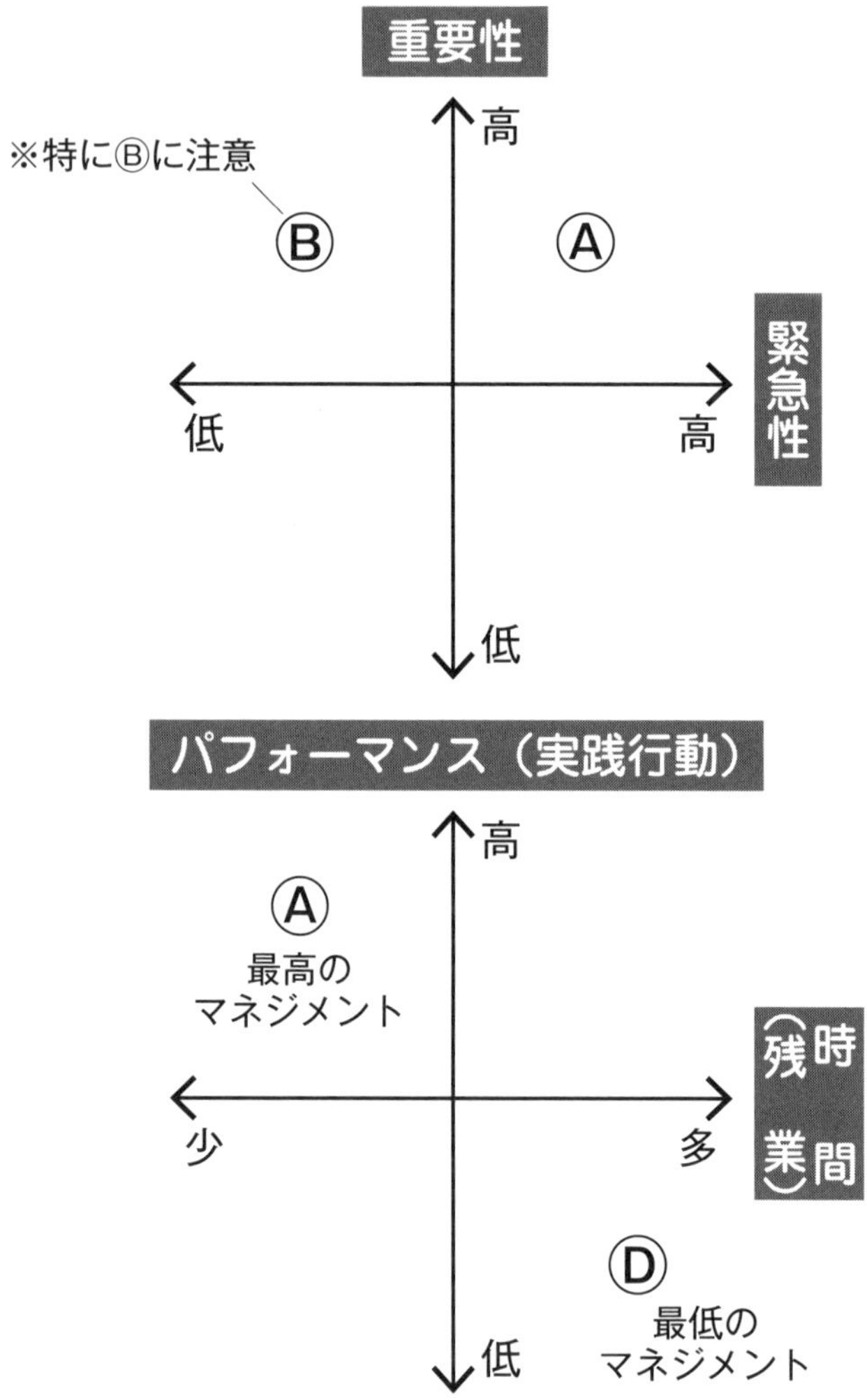

（著者作成）

その一方で、次のとおり徹底的に整理をするのです。

①過去にあり、今もあるものは何か　②過去にあり、今はないものは何か
③過去になく、今はあるものは何か　④過去にも、今もないものは何か

これら全てを一覧表にします。これがまちの最初に実施すべき調査・分析であり、まちの希少性の発見なのです。この分析から、基幹産業と繋ぐことを考えないと、未来に向けての地場産業として成り立ちません。次に重要性と緊急性による順番、パフォーマンスと時間による順番を確認します。それを踏まえて、全体最適なストーリー（物語）、いわゆる脚本を作成し、それに応じたリーダーやプロデューサー人財を養成していきます。（図表8〜9）

アリストテレスは、イノベーションを導く人を「フロニーモス」と呼んでいました。イノベーションは、常に「心を研ぐ」ことで生まれます。では、そのような人財は、どういうプログラムで養成されるのでしょうか。

次の章では、私自身のことを振り返り、これまでにどのような人生を歩み、どのような体験、経験をしてきたのかを解明したいと思います。これは真似をして欲しいということではありません。地域創生3つの型、3つの条件などの私の考え方が、どのような経験等から生まれたものかということを知っていただきたいというものです。そして、皆さんの参考にしていただき、ご本人の「あるべき姿」の調査・分析の一助としていただきたいのです。

図表10　地域創生の３つの壁と条件

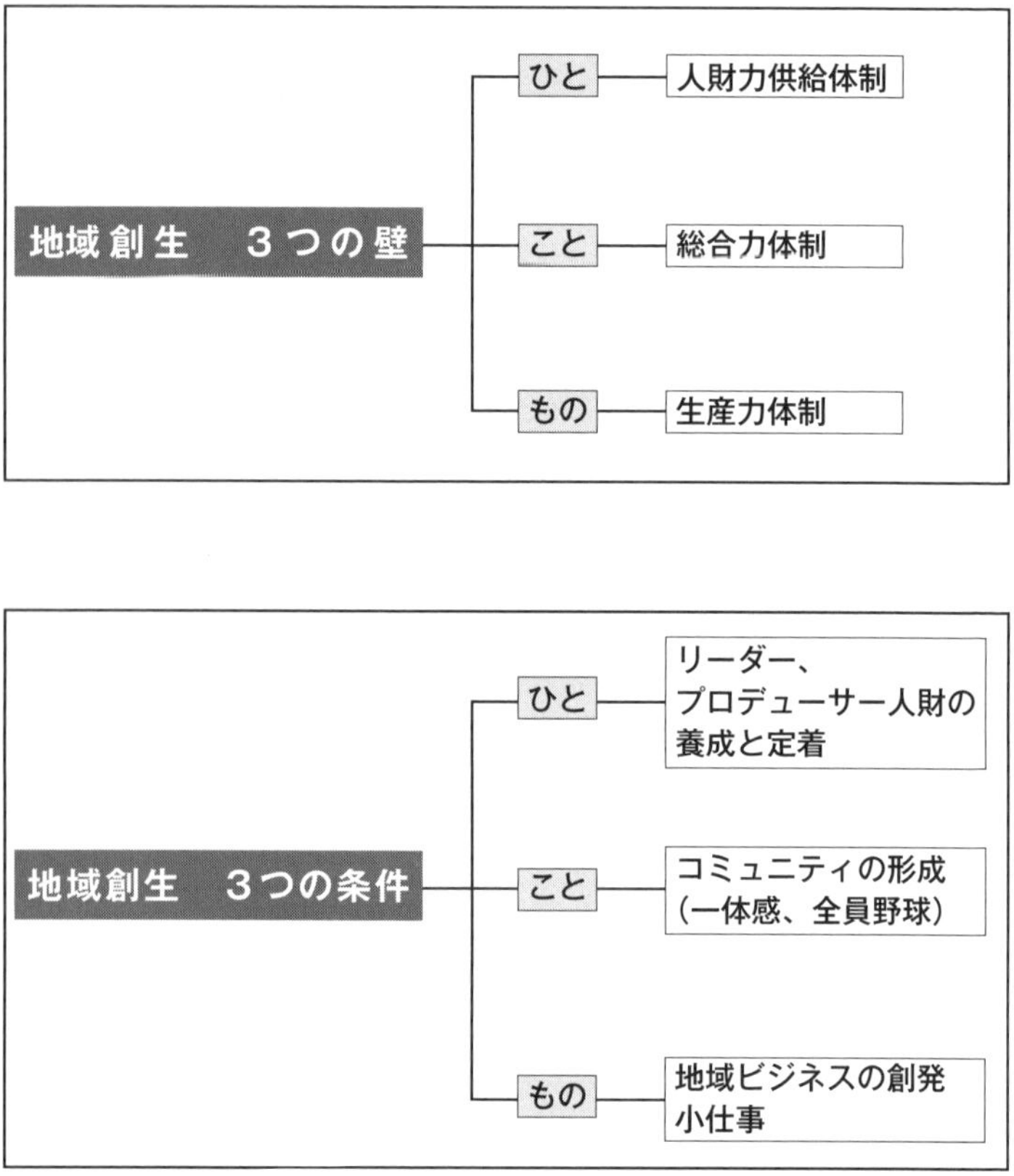

I

自己分析から成すべきことを知る

―木村俊昭とはどんな「ひと」なのか?―

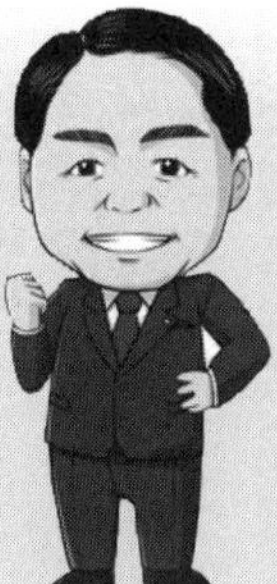

第1章 幼少期〜小中学校時代

○幼少期は、落ち着きがなく、病気がちな自分を祖母が守ってくれた。
○あがり症を克服するために積極的に動いた。
○父親から「人生」の向き合い方を学んだ。
○学校生活を通じて友人の大切さを実感した。

落ち着きがないためお寺通い？

私は北海道のオホーツク地域で生まれ、育ちました。生まれた時の体重は3300g（これは地域創生には関係ありませんが）。両親から聴くに、ものすごく手のかかる子どもで、とにかくじっとしていることがなく、落ち着きのない子どもだったようです（「ようです」というのは自分はそう思っていなくて、活発な子どもだと理解しているからです（笑））。私の父母はそんな私に手を焼き、「もう子供はひとりで充分」、と思ったとのことです。

３歳の頃から、毎日、朝６時半に朝食が終わると、近くに住んでいた祖母が私をお寺へ連れて行くようになりました。私の落ち着きのなさを改善するためや、まちの歴史・文化などを学ぶためでした。子どもとしてはお寺までは結構な距離（約１㎞）でした。毎日、お坊さんがお経を唱えている間はずっと正座をしていました。お経の後は説教です。私は子ども心にこの日課により「自分の将来はお寺の坊さんになるんだろうな」と思っていました。

じっとしていることは実に辛いことでしたが、お経と説教が終わった後に出てくる味噌汁と漬物がとても楽しみでした。いわば「よく辛抱して、正座をして、お経と説教を聴きましたね」というご褒美でした。私が「おいしい、おいしい」と食べるものですから、いつもお代りを喜んで出してくれました。そんな私をお坊さんは気に入ったらしく「感心な子だね。また、来なさい」と快く対応してくれていました。

３歳の頃の私

「恕《じょ》」の精神を学ぶ

ある日のことです。説教の時、お坊さんが「恕《じょ》」という言葉を、紙に書いてくれました。もちろん３

歳の私にその漢字の意味など分かるはずもありません。そして、お坊さんはこう言ったのです。

「恕《じょ》とは、自分のことのように相手を大切にすることです」と。

これなら3歳でもなんとなく分かりました。もちろん、その時にお坊さんが言われたことを正確に覚えているわけではありません。恕《じょ》とは、

「自分のことを大切にする、それと同じように、相手を大切にしなさい。時には、ただ大切にすると思うだけではなくて、それを行動に示さないと分かってもらえない。『自分は、あなたのことを大切に思っていますよ』ということを行動に移しなさい。時には、許すということもあるでしょう」ということです。

お寺では伝説、神託、民話や論語などを聴かされました。そのお坊さんは落ち着きのない私にしっかり正座をさせて約30分ほどお経を聴かせ、本を読まなくても分かるように、耳から覚えさせ、学ばせ、考えさせるということをしていたのだと思います。この修業は、6歳になるまで毎日続きました。

〝出べそ〟で病弱、クマやハチ対策

6歳になり、私は、保育所へ行くことになりました。1年間は保育所へ通ったのですが、その頃には、私をとても大切に育んでくれた祖母の体調が悪くなっていました。祖母は55歳の時に脳腫瘍で亡くなったのですが、私のことを本当にかわいがってくれました。当時の私は、とにかく体が弱く、すぐに風邪を引き、熱を出す子どもでした。小学校に入る前までは、年中、父に昼夜を問わず背負われ、病院へ連れて行かれました。

その上、私は〝出べそ〟でした（笑）。家族の中で、出べその手術をしようかという話になったのですが、生前の祖母は、

「そんなことはしなくてもいい、大人になったらちゃんと引っ込むのだから」と言い手術をすることを許しませんでした。そして、〝出べそ〟が引っ込むようにと、私のへそに5円玉を張りつけてました。また、私が風邪を引きやすいため、扁桃腺を切った方がいいのではないかということになった時にも、祖母は反対しました。

「男の子は大人になったら丈夫になるのだから、今、扁桃腺を切る必要はない。とにかく体にメスを入れないこと。手術なんてさせない！」と、ひとり反対し頑張ってくれました。毎日お寺へ歩いて連れて行くのも、いつか体力がつくとの思いからだったのでしょう。とても

とても祖母に感謝しているところです。

保育所へ通う道で、クマに遭遇したこともあります。北海道では、学校のフェンスからクマが覗いているということもあり、そんな時は「それでは皆さん、体育館に集まってください。これから集団下校をします」ということになるのです。襲ってくるかどうかは別として、人が住んでいるまちの近くにクマが出没するのです。ヒグマですから、立ち上がると約２mくらいになります。クマの手で引っかかれたら簡単に吹っ飛ばされてしまいます。そのため、日頃から私は、クマに出会った時の対策を教えられていました。

いつも背負っているリュックサックにはお菓子を入れてあり、クマを発見したら、まずそのリュックサックを下に置きます。それがクマの食料となります。そして、１枚ずつ着ているものを脱いでいきながら、ゆっくりと少しずつ離れていくのです。決して死んだふりをしてはいけません。ひっかかれます。クマは、シカよりは走るのが遅いですが、時速約40㎞で走ります。逃げても追いかけてきますので、慎重に少しずつ離れていくことが大切です。

また、ハチ対策も教えられていました。スズメバチとミツバチには違いがあります。ハチのいそうな山林では白色系の服や帽子で素肌を隠すこと。スズメバチに一度刺されると、空中に毒液が広がるため、多数のハチの攻撃を受けることになり危険です。できるだけ早くそこを立ち去らなければなりません。一方、ミツバチは1回刺したら針が刺し傷に残ります。

スズメバチは、何度でも刺してきますので強烈です。

子どもの頃は野山で遊ぶことも多く、これまでに私はハチに刺されたことが7回あり、クマには3回出会っています。父母から真剣に教えられた時、そんな対策が何の役に立つのかと思ったりしましたが、これは私にとって実は必要な知識と知恵でした。

「なぜ?」「どうして?」の子ども

皆さんは「なぜ?」「どうして?」と、考えることがあると思います。私は子どもの頃から、「なぜ?」と疑問に思うことが多くありました。保育所へ通う道には、タンポポが咲いているところと、咲いていないところがありました。

「なぜあそこに咲いていて、ここに咲いていないのだろうか?」とか、「オニヤンマとアキアカネ（赤トンボ）の生息範囲が違うのはなぜなのだろうか?」といった疑問を持つと、我を忘れ、花や昆虫に夢中になって途中でいなくなってしまうのです。そのため、保育所の行き帰りは、いつも近所の子どもに連れていかれていました。

あがり症を克服

そして、いよいよ小学校へ入学しました。その頃には、風邪をまったく引かなくなっていました。小学校、中学校、高校は無欠席で過ごしました。これを自分史年表で分析すると、保育所の時には、「活力・やる気」のモチベーションが普通くらいあったものが、小学校に入るとこれまでの友達のほかに新しい友達ができることからモチベーションが上がりました。ところが、授業が始まった途端に、急速にモチベーションが下がりました。

それは国語の時間に、「木村君、教科書の何ページの何行目からを読んでください」と先生に指名されると、なぜか読めないのです。自分で自分にプレッシャーをかけてしまい、頭の中が真っ白になってしまうのです。自分があがり症だと気づいたのはその時で、ほんとうにショックでした。

小学校１年生の私

保育所の時には全く気づかなかったあがり症、つまり私の弱みを知り気づかされたのです。人前で本が読めない、意見をしっかり言えない。頬が赤くなり耳が熱くなり、心臓がバクバクしてしまうのです。このことに気づいたことで、国語の時間や人前で発表することが多い教科によって、モチベーションが急速に下がっていったのです。

自らが場づくり

そんな私に父がこう諭したのです。

「初心を忘れるな。その場からけっして逃げるな。自分のチャンスは自分で創り、自分の舞台は自分で創れ。ひとの役に立つ人財になれ」と。

そこで、私は考えました。教室では積極的に自分が指されるようにしよう。さらにもっと人前で発言するため、学級委員長に立候補することにしたのです。

「先生、学級委員長をやらせてください！」

担任の先生は驚きました。国語の教科書すら人前で読めない児童が学級委員長になりたいなんてとんでもない、と思ったに違いないのです。先生が別の児童に学級委員長を任せたいのだと感づいた私は、友達に協力をお願いしました。

「俺が先生に『学級委員長になりたい』と言ったら、みんなは『木村君が委員長になるのだったら、僕が副委員長をやります』と言ってくれないか」と頼みました。そして、その際のストーリー（脚本）をメモにして友人に渡しました。

「これ、お願いだから暗記しといてくれよな」と。再び、私が手を挙げて先生に言いました。

「先生、僕に学級委員長をやらせてください」と。

友達が続きました。

「先生、木村君が委員長をやるんだったら僕は副委員長をやります」

「私は書記をやります」「風紀委員は私が・・・」と、ストーリー（脚本）通りでした。

もちろん、先生は「本当に木村君でいいのですか?」と心配していましたが、結果的にはクラスはまとまりました。

冬スキーと水泳で体力を育む

病弱だった私に体力をつけさせるために、父は私が3歳頃から、冬はスキーに連れて行きました。当時のスキーは、スキー板に長靴をゴムで止めているようなものでした。5歳頃から小学生になるまでは何度も、それを履いて山越えをしました。常に父と一緒なのですが、父はどんどん先に行って、そのうち雪山で見失ったこともあります。北海道の冬山は、急に荒れたりします。公式のスキー場でも、少しコースを外れて滑ると遭難の危険があるほどです。

吹雪になったら、その場を動かずに穴を掘ってじっとしていることが自分の身を守るコツです。教わった通りに、父を見失った時には、私は穴を掘り、じっとその場にいて、旗を立て、迎えを待っていました。すると少しして父が迎えにきてくれました。もちろん、その時は子どもながら「このまま捨てられるのではないか」と不安でしたが（笑）。

水泳でも同じようなことがありました。父が「おーい、こっちだぞ」という地点まで泳いでいくと、足のつかない深さだったりしました。約１㎞の遠泳をすることもありました。お陰で持久力がつきました。ただマラソンは速かったのですが、とにかく短距離走が遅かったのです。運動会の時は常に父が私の横を走っていました（笑）。恥ずかしそうに常に見守っていてくれた母を今でも思い出します。将来、私には何になって欲しいのだろうかと思ったものです。このことで徐々に強靭な体力が養われ、小学校から高校まで無欠席で通すことができたのだと考えています。とても感謝しているところです。

日々の酒盛りからの教え

父は材木業に従事していましたが、自宅には、毎日、午後6時頃には帰って来ていました。そこにはほぼ毎日常に10人くらいのお客さんが、来ていました。父とお客さんは懇談をしているのですが、私は3歳の頃から、父に「お客さんにお酒を注ぎなさい」と言われたり、「何か面白いことをやってごらん」と言われ、「余興」をさせられていました。父は子どもの私に「即興ができなければ、人は成長しないし、可愛がられない」と教えたかったのでしょう。

こういうことは社会生活でも必ず経験するであろうと考えてのことでした。

「ちょっと司会をやってごらん」「歌ってごらん」と言われた時に、「できません」「歌えません」というのではダメなんです。上手に司会ができるとは思っていません。誰も上手に歌えるとも思っていませんし、期待もしていないんです。

要は、下手でもいい、すぐにやれるか、ということです。「はい」と言ってすぐにやれば、そのすぐにやったことがその人の評価にもつながるものです。

父と私（1歳の頃）

徳利を持つ位置が違うとか、ビールはラベルを上にして見せて注ぐようにとか教えられました。また、席には順番があり、ひとは適当に座っているのではない。部屋の中で、誰が上席にいるのかをしっかりと理解するようにと言われ、上席からお酌をするようにと教えられました。このことがいずれ役に立つとは、その時には全く気づかずに過ごしていました。

学校で学問、家庭で道徳、世間は実学

実にユニークな、子ども想いの父でした。

「勉強は学校でするものであり、家では一切しないように」と私に強く言っていました。また「１番はダメだ。３番をとれ」との教えもありました。自宅で勉強しようとすると「お前は覚えが悪いのか」と怒られるので、私は、教科書を学校に置いて帰ってきていました。すると、家庭訪問の時に、担任の先生からこう聴かれました。

「お宅のお子さんは、ランドセルを空で登校して、空で下校しますけれども、どういうことですか？」と。すると、父はこう言うのです。

「先生は、教え方が悪いのですか？」と。先生が、

「いいえ、しっかり教えています」と答えると、父は、

「だったら、学校の勉強は、予習・復習も含めてすべて学校で完結させてください」と言い返すのです。それと「３番がいいんです」と。

私は、父から、学校で復習をし、予習をしてから帰ってくるように、３番をとるようにと教えられていました。同じような論法で、

「学校に先生がいるのに、なぜ塾に行く必要があるのか。どうして家で勉強をするのか。学

校で完結させてこい』とも言われました。

父の考えでは、自宅は学校とは違う教育をする場であるということでした。自宅、すなわち家庭で教えること、それは道徳教育なのです。学校は主に学問をするところ、世間は実学を学ぶところ、という考えが徹底していました。学問は世間で通用するかどうかはわからない。実学を教えるのは家庭と社会であるという考え方でした。また父からは川釣り、海釣り、将棋、麻雀、チェスや野球などを教わり、祖母からは花札、宝引きゲームなどを一通り教わりました。(笑)。小学校一年から農業体験は、祖母と一緒にいちご畑のほか、大根、かぶ、トウモロコシ畑をしてました。小学校三年からは、アルバイトとして近所の農家へ行きビート、大根、なす等の収穫を手伝っていました。当時1日午前8時から午後5時まで小学生の私が働いて2500円のアルバイト代でした。

友人関係で学んだ連帯感

私には、小学校から仲のいい友達が10人いました。しかし、その10人のうち5人が、高校受験に失敗しました。私は、友達が同じように授業中に集中して勉強をしていると思っていたのですが、学校でも自宅でも勉強をしていなかったようです。私と一緒にいつも遊んでい

ましたから、

「木村も遊んでいるのだから」と安心して遊び続けていたんです。友達はほとんど毎日、私の家に来て、20時、21時まで話をし、時には泊まって、朝食を一緒に取って学校へ行くこともありました。

小学校の時から、その友達とは、川で釣りをしたり、海水浴へ行って海辺でテントを張り、キャンプをするなどしてよく遊んでいました。思えば自転車の乗り方からキャンプの仕方なども父から教わりました。小学校への登下校時には、

「おもしろいことを言わないと、みんなのランドセルを持つ係になる」というルールを作っていました。私のランドセルは空で軽かったのですが、みんなのランドセルには教科書が入っていたので重かったです。くだらないダシャレや、ものまねなど様々なことをしていました。私たちは常に頭の中で、楽しいこと、おもしろいことはないかと考えていました。いま講義や講演のときにシャレを多少言うのはそのときの名残りです。(笑)

小学校5年生の時、父に強烈に怒られたことがありました。

海へキャンプに行く時には、約50㎞の距離を自転車で走りました。10人で並んで走って目的地へ行くのですが、帰りは、いつも誰がいちばん早く帰ってこれるかの競争でした。パンクする友達や、途中で自転車が壊れる友達もいました。いい気味だとは思わなかったのです

が、私たちにとっては競争だったので、これで勝てる、1位になることができると思って、自宅へ帰ってきたのです。ある時、1人だけいつまでも帰ってこない友達がいました。

私たちがそのまま戻ってきたところ、父から「あと1人どうしたんだ。バカモノ戻れ！」と、ものすごい勢いで怒られました。友達を大切にしない人は、いずれそういう仕打ちを自ら受けることになるぞという教えです。

父に怒られることは滅多になかったのですが、その時は、すごい勢いで本当に驚きました。父は車で迎えに行きましたが、その友達は、家に帰ってから自転車を修理に出そうと思ったようで、自転車を押しながら歩いていました。私は、「近場の自転車屋ですぐ修理して、戻ってこいよ」と思いました。

しかし、それからみんなの考え方が変わったんです。私が小学6年生の頃に学校全体で卓球が流行っていました。私たちは、毎朝、6時半頃に小学校へ行き、放課後も卓球をしていました。ある日、私がラケットを学校に忘れたことがありました。学校から帰る時に、友達と一緒に自転車ですでに約1㎞以上走っていたのですが、「ラケットを忘れたから、俺、取りに戻るわ」と言って学校へ戻ることにしたのです。

みんなはそれぞれ家に帰ったものと思っていたのですが、私はラケットを取りに引き返したところ、9人全員があとをついてきてました。私たちは、常に全員一緒に行動するという教えを胸に刻んでいました。友達は、自分がラケットを忘れたのと同じように、私と一緒に行動してくれたのです。その時はほんとうに涙が出ました。

子どもの頃から自己分析、自己理解をしていたので、偶然で選ぶのではなく、必然で友達を選ぶことの大切さを実感していました。パートナーは、偶然で選ぶものではないのです。近所にいるから友達だとか、同じクラスだから友達だとかということではないのです。私はこのことも小学生、中学生から高校生時に、実体験することになったのです。

同級生を守れず涙が

小学校5年生の時には、こんなこともありました。女の子が、担任の先生に「トイレに行きたい」と言えずに、教室でおもらしをしてしまったことがありました。すると、次の日から、いじめが始まったのです。私は、「何なんだ！　自分だってトイレに行きたいと言えずに我慢することがあるだろう。それを言えないひとだっているんだ。他者理解ができないとダメだ！」と言って、私の10人のグループでその子を守ったのですが、やはり私たちの見ていないところでは、いじめる児童がいたようです。

「じゃあ、木村の見ていないところでやればいい」となったのです。かわいそうなことに、結局、その女の子は転校しました。

私は結果的にその女の子を守れなかったことを悔やみました。それは、そのいじめっ子たちに「いじめは、なぜやってはいけないのか」ということを語ることが私にはできなかったのです。

人は、自ら知り気づかなければ、決して行動に移しません。「なぜ、いじめをしてはいけないのか」ということを、担任の先生や他の先生が説けなかったら、「いじめは、注意する人の見ていないところでやればいい」ということになります。それを、聖路加国際病院の日野原重明先生は、生前に、小学校で一所懸命に児童らに説いていました。

「いいかい。空気は見えないね。でも、空気がなかったら息ができないから、死んでしまうね。命も見えないよね。いじめをやっていませんか？　見えない命を大切にしていますか」

そう言うと、子どもは泣き出して、

「ごめんなさい、先生。もうやりません」と言うのです。このように、自ら知り気づかせないと、隠れていじめをするということになるのです。

余談ですが、その女の子とは高校の入学式で再会しました。

「木村君、覚えている？」

あの時転校した女の子でした。

「随分きれいになったね」

「木村君、付き合ってあげてもいいよ」

「いや。俺、大丈夫だから」

クラスの生徒が、私に聴きました。

「誰だよ、あのきれいな子。どこから来ている子なの？」

「お前らが小学生の時いじめた子だよ」

すると、こう言っていました。

「いじめなければよかったかなあ」

ようやくそこで、彼らは自ら知り気づき少し反省したようでした。

いい人は早く死ぬ？　誰に何を引き継ぐのか

父は、私が生まれてから小学校へ入るまでずっと、寝る時には本の読み聴かせをしてくれていました。本の大好きな父だったので、「スガンさんのやぎ」等の童話、漢詩、漢文など、ジャンルを問わずいろんな本を読んで、聴かせてくれました。

幼少の頃から、自分で本を読まなくても様々な本を読み聴かせてもらっていたので、読書には強い関心を持っていました。自分が体験できないことが多々あるなかで、本の中では、「ピーター・パンとウェンディ」のように様々な冒険や体験ができるのです。

父が、私に教えることに対し、強く関心を持っていた理由は、父の実弟が早く亡くなっていたこともあるのでしょう。私は、いい人は早く亡くなってしまうということを子どもの頃から実感しています。父は57歳で亡くなりましたが、

「自分の得意分野を見定めて、1年1年、それを世のために生かすことをしないと、あっという間に時を終える。一期一会、初心を忘れずにしっかりそのことを考えて行動しなさい」と教えられていました。それは、社会の中においては、

「あなたは、どの分野の何をどこまで明らかにして、どこからを次世代に引き継ぐのか」ということを考えるということです。

私の専門分野は、「地域創生」です。今年はここまでを明らかにしたとしたら、来年は次の目標を決め明らかにしていくことです。そして、次世代の人たちに、

「ここまでは明らかにしたので、ここからをお願いします」と引き継がないといけない。これは、

「いい人だと言われる人ほど、早めに命を落としたりする。着実、計画的に一度の人生を過

ごしなさい」という父と母からの教えです。

その父ですが、私に「３日後に会いに行くからよろしく」と言っていたのに、自宅を出て途中でバタンと倒れ、そのまま仮通夜になってしまいました。心筋梗塞でした。私に母から電話が入り、「お父さん、亡くなったよ」と言われても、「３日後に来ると言っていたのに、どうして」と、愕然としたのを今でも憶えています。一度の人生、ほんとうに分からないものです。

数にあがる

私は、小学校時までは女性に、まったく興味がなかったのです。いつも男同士で遊んでいました。友達の皆んなは「あの子、かわいいよな」とか、「誰々ちゃん、やさしいよな」などと言っていたのですが、私は、全く関心を持っていませんでした。

そのため、みんながいいと言っていた女の子が、私に関心を持つこともありました。ほんとうに不思議なものです。ところが、中学校1年生になった時に、3年生にキャンディーズの伊藤蘭ちゃんに似た女の子がいました。その女性に強い関心を持って、大胆にも3年生のところへ行って、

「付き合ってもらえませんか」と告白しました。3年生の男子からは、「1年は、1年と付き合えよ」と怒られ、数日後、その女性の友達から、「1年生とは付き合わないと言っているから」と伝えられました。あっさりと失恋したわけです。今、その女性は、看護師をしているそうで、人のため社会のために活躍されています。とても嬉しい限りです。

中学校は全校生徒が約1200人いました。ある日、体育館で校長先生の話が長く、立ったままで10分、15分ほど聴いていたでしょうか。生徒たちが「早く終わらないかな」と思っていた時、なんと校長先生が、

「新入生、1年生の木村俊昭君、前へ」と言ったのです。ほんとうに驚きました。私は壇上に上がって、校長先生の隣に立つと、

「木村俊昭君は、小学校で無欠席です。中学校でもそれを貫いてほしいと思います。皆さんも木村君をしっかりとお手本にするように。学校は、来ればいいというものではありませんが、日々、健康管理をして、休まずに学びに来てください。では、木村君から一言!」と私を紹介したのです。

突然のことで、私は、何を言っていいのか分からず、「今日も1日頑張ろう!」と言いました。頭の中は真っ白な状態でした。

そこで私は、今度は自分が〝数にあがる〟あがり症だということを知りました。小学校時にはクラスではあがらなくなっていましたが、中学校に入り、１２００人の生徒の前に立った時に、何も話すことができなかったのです。そこで、私は担任の先生に、

「ぜひ、生徒会の副会長に立候補したい」と相談しました。先生からは、

「１年生は書記からがいいのではないかな」と言われましたが、私は、

「生徒会長には生徒会長の役目があり、書記には書記の役目があります。副会長はサポート役の立場なので、まずはそこからよく学びたいです」と伝えたところ、先生は、

「では、推薦人は現生徒会長にお願いしたらよいのではないか」とアドバイスをしてくれました。私が生徒会長に相談に行くと、こう聴かれました。

「どうして副会長をやりたいんだ？」

「私は、クラスのなかではあがらないのですが、大勢の人の前で、〝数にあがる〟ので、このままだと人前で話ができずこれからも苦手となってしまいます。この弱みを今のうちに改善したいんです」

「それだけなのか？」

「いいえ。『自分たちの学校については、例えば規則などしっかりと自分たちで考え決めて、実行する』ということを大切にしていきたいです」

「分かった。推薦人になってあげよう」

そして、私は、選挙を経て生徒会副会長になりました。

生徒会を経験し、中学校在学中に、数にあがらないということを達成できたかというと、そうでもありませんでした。大勢の前で話をする時には、思っていることが3つあったとしたら、そのうちの1つか2つを言うことができる程度でした。

時折、「何を言っているのかわからないよ」と言われることもあったので、これではダメだなと思っていました。自分ではしっかりと発言しているつもりなのですが、聴く相手側からすると、何を言っているのかよく分からなかったのでしょう。

「それは、結局どういうこと?」と聴かれることがあったので、「高校でも、生徒会活動を続けて分かりやすい話ができるようにしなければならないな」と考えていました。そして、高校入学時から生徒会活動を続けました。このように私は弱みを少しずつですが、着実に克服していく努力を続けていました。

第２章　高校・大学時代

○生徒会活動で部活の予算分配にメリハリがつけられていないことに知り気づく。
○明日のまちを担う子どもたちを育てたいという気持ちが、「自分のまちをよくしたい」という気持ちに発展していく。
○大人たちの、自分のまちの将来に対する諦め感に失望。
○大学ではまちづくりの実践事例を徹底して学び、「現場」の重要さを肌で実感。
○地元自治体の募集がなかったので小樽市役所を受験。

知り気づく不思議な仕組み

高校で生徒会長に立候補した時、数名にまとまることなく多数が立候補することになり、選挙では票が分散してしまいました。そのようななか、現生徒会長が推薦人の私には、

９００票近くの票が入り、当選したのです。もちろん、選挙活動の期間中は、一所懸命に昼休み等に全クラスを回り、何をしたいのか、分かりやすく伝える努力をしていました。しかし、これは、全てが私に対する票ではありませんでした。大半は推薦人が立派であったことから私に期待して票が入ったのです。この時、ショックを受けると同時に、パートナーとして連携する人がいかに大事かということを知ることになりました。大切なパートナーは偶然で見つけるのではなく、必然で見つけることの大切さを学びました。

ほかにも気づきがありました。高校の部活動費についてよく調べてみると、レスリング部は毎年国体に行っていました。ラグビー部は一度も花園ラグビー場へ行っていませんし、野球部は一度も甲子園に行っていませんでした。ところが吹奏楽部は毎年全国大会に行っていました。それなのに、例えばレスリング部の部活動費は１５０万円、吹奏楽部は50万円で、ラグビー部が１５０万円、野球部は２５０万円でした。これが、毎年同じでした。これはちょっとおかしいのではないかと考えました。

つまり、活動実績と部活動費の決定に「指標《ものさし》」がなかったんです。一昨年、昨年、今年が、どういう実績なのかによって、生徒会が各部と対話をして部活動費を決めるべきだと考えました。もちろん部活動費の出し入れは生徒会担当の先生に行ってもらうのですが、部活動費は先生が決めるのではなく、生徒会が実績に基づいて「対話」をしながら決めていくことにしました。私は、そこで「現場」の確認が大事だということを知り気づいたのです。

吹奏楽部の現場を見に行くと、50万円でどういうふうに運営しているのかが分かりました。吹奏楽部は、自分たちで楽器の修理をしていました。これでは全国大会で優勝することはできません。こんなに日々努力をしているのかと、涙が出て止まりませんでした。

次に、レスリング部を見に行くと、部活動の開始前に、穴の開いたマットに一所懸命にテープを張って補修していました。これは危険だなと思いました。

「いつからマットを買っていないのですか」と聴いたところ、「マットを買うのには500万円かかる。部費150万円は遠征費で使うので、マットを買うことができない。だから、何年もこの状態で練習をしている」とのことでした。

問題点を発見したら、優先順位をつけて、一つずつ解決していかなければなりません。そこで私は、レスリング部の翌年の部活動費を650万円にし、その翌年は250万円にするなどして、まずはすぐマットを買ってもらおう。吹奏楽部の部活動費は150万円にして、100万円で新しい楽器を購入したり、修理に出したりしてもらおうと考えたのです。

野球部は一度も甲子園に行っていなかったので、申し訳ないんですが、地方大会で決勝戦に出場したり、甲子園に行った場合には、増額査定をするというものです。かなり不平不満を言われましたが、現場をよく見て「指標《ものさし》」に基づき、「対話」をして決めていかないと、例年どおりでいいだろうということになってしまいます。このことを実行しました。すると、数年経って野球部は選抜高等学校野球大会（甲子園）に出場したり、ラグビー部は、現在までに10回以上も全国高等学校ラグビーフットボール大会（花園ラグビー場）へ行っており、すばらしい実績を残しています。

地域に貢献したい！

私は、中学生までは、小学校の先生か幼稚園・保育所の先生になりたいと考えていました。自分が周りの人によって育てられてきたように、未来を担う子どもたちをしっかり育んでいきたいと考えていました。高校時の生徒会活動では、小学校や中学校での講演など、子どもたちに接する機会を設けたりしていました。また、

「まちづくりに高校生が役に立てることはないのか」と考えるようになっていました。そこで、生徒会として、役場、商工会、商店街、農家や企業などを訪れ、

「自分たちがまちづくりに関してお手伝いできることがないものでしょうか」と聴いて回っていたのです。そうすると、皆さんからは、

「そんなことをするよりも、高校時は、もっと勉強をするかスポーツで秀でて、早めにこの

まちを出たほうがいいよ」と聴かされました。

当時、私の住んでいたまちは、人口約2万人の林業や酪農を中心としたまちで、少しずつ衰退する傾向にありました。地域内に7社あった材木店が、毎年1社ずつ廃業するありさまでした。よって、社員やその家族などの2～300人がまちから流出していました。自分のクラスから転校する生徒がいて、それを目の当たりにした時に、「このままではダメだ」と考えました。そこで、高校時から地域と関わることの重要性と必要性を強く感じたのです。

まちの皆さんからは、とにかくこのまちは衰退の一途を辿っている。このまちにいても勤め先は役場か信用金庫しかないから、早めにまちを出たほうがいいと、言い聴かされていました。たしかに周りをよく見ると学業成績のいい友達は、札幌や函館の高校、旭川の工業高等専門学校に入るなどして、まちを出ていっていました。

私は、小学校、中学校、高校までは親元から通学したいと考えていました。高校においても、学校で勉強もクラブ活動も完結させるということ実践していました。何か問題点に知り気づいた時はノートに論点を書き出し、学校で先生に質問するなどして解決していました。私の自宅には、いつも夜には友達が集まって来ていました。友達は全員が塾にも行かずに現役で東京の希望する大学へ入学することができました。「二度と中学時代の高校受験のように友達の不合格という轍は踏まない」と皆んなが強く思っていたのでしょう。

大人のあきらめ感に失望

まちから人が流出する状況のなか、まちの皆さんは、このまちにいては子どもたちが夢や希望を実現することはないと、そう思っていました。私は、役場へ行き、どうしてこういうことが起きているのかと尋ねてみました。

「それは時代の流れで、どうしようもない」

「何かやりようはないのでしょうか。まちを盛り上げるために、高校生がお手伝いできることはないのでしょうか」

そう聴きましたが、それはなかなか難しいということで話は終わってしまいました。そこで、私は決心しました。役場職員になって、何とかこのまちを盛り上げよう。「しょうがない」「時代の流れだ」ということで片づけてしまっては、いずれ自分の大好きなまちには住み暮らすことができなくなってしまう。

まちの人は、「とにかくこのまちを早く出た方がいい」「このまちにいたら大変なことになるよ」というようなことしか子どもたちに言わないので、どうしようもないことなんだという考えに染まってしまっていました。

弟子入りし実学を学ぶ

　そこで、私は再度、自己分析をしてみました。自分の「強み」は、自分が住み暮らすまちに熱意を持ってあきらめずに取り組む実行力があるということです。その反面、「弱み」は北海道に212市町村（現在は、179市町村）ある中で、自分は20くらいの市町村しか知らないということでした。

　私が知っているまちは、自分のまちとその周辺のまち、修学旅行で行った京都、奈良と東京だけだったのです。こんな状態で仮に役場職員になったとしても、まちを活性化することができるのか。これではダメだ。これは弱みである、ということを知り気づき、もっとよく地域の現場を知るためには、どうしたらいいのかと考えました。ちょうど町役場職員の1次試験に合格し、2次試験に行くかどうかを考えていた時のことでもありました。

　そして、私は、父にこのように相談しました。

「役場の2次試験に行くのはやめる」

「どうしたいのか」

「東京の大学へ行き、そこから全国や世界のまちづくりの現場を直に見たい。北海道内の大学ではダメだ。東京からであれば、全国を回ることができ、海外にも行くことができる」

「大学受験は今からでも間に合うのか」

「勉強は学校で完結させているから、大丈夫だと思う」

問題は、「実学」を教える先生を見つけることができるのかということでした。

「これから大学に電話をかけて実学を教える先生を探し、手紙を出し先生に弟子入りをお願いする。住み込みで徹底的に4年間実学の教育をしてもらう。本に書いてあることを単に学ぶのではなく、この本に書いてあることはどこで実践し、その結果として先駆的モデルを創っている先生から直接学びたい」

そう言うと父は、

「電話代はかかってもいいから、大学に電話をしてとにかく探せ」と言って励ましてくれました。


私は、東京の大学に電話をかけて、実学を教えてくれる先生を探しました。そして、1人選考委員会を作り（笑）、自分の部屋で検討し、7人の先生に①弟子入り②住み込みで③実学指導をお願いしたい旨、筆字で便箋10枚の手紙を書き郵送しました。しかし、1か月経っても、2か月経っても、どの先生からも返事は戻ってきません。

高校3年間を終え上京

私は「これは、おかしいな」とは思わなかったのです。私の強みの中には、超プラス思考がありました。「7人の先生は、木村がいい逸材であることを理解していないのだな（笑）」と思いました。では、「もう7人を選ぼう」と考え、また1人選考委員会を開き、別の7人の先生を選びました。

そうしていたら1人の先生から手紙が届きました。そこには「合格せよ！」とだけ書いてありました。私は、超プラス思考ですから、合格さえすれば、「弟子入り、住み込みだ！」と考えたわけです。そこで、

「必ず合格して、先生のところへ行きます。どうぞよろしくお願いします」という手紙を先生に出しました。その返事は来ませんでしたが、大学に合格しましたので、3月中旬に北海道から東京の先生のところへ向かいました。函館から青森までは連絡船に乗り、そこからトコトコと汽車に乗ってようやく上野駅に着きました。

途中でジャージ姿になり、布団をまるめて背負って、水筒などを持っていました。出会った人からは「集団就職だね、頑張りなさいよ」と声を掛けられました。

上野駅から上野公園へ行き、西郷隆盛さんの銅像の前で「必ず4年間で実学を学び、地元へ帰ります」と誓いました。そして、公衆電話から先生の自宅へ電話をしました。「先生いらっしゃいますか」と尋ねて、いることを確かめた後、電話を切りました。私の名前を言ったら、

先生がいなくなってしまうのではと考えたのです（笑）。そして、約1時間後に先生の自宅に着きました。

「北海道から来た木村俊昭です。合格したので、東京へ出て来ました。今月からどうぞよろしくお願いします」

「木村君、私が『合格せよ』と書いたのは、弟子入りや住み込みについては『合格してから言いなさい』という意味だったんだよ」

「合格したので来ました」

「弟子入りさせるとも、住み込みさせるとも言っていないよ。今日のところは帰りなさい」

しかし、私は、もう北海道から出てきてしまいましたので、帰ることはできません。そこで、土産として先生の大好物のお酒と奥様の大好きな甘いお菓子を渡しました。すると奥様が出てきて、２０００円を渡してくれて、こう言いました。

「今日はこれで帰ってください」

「先生、住み込みがダメなら、玄関のここでもいいのですが」

「ここは、イヌさんの場所だからなぁ～」

それでも私は諦めず何度もお願いしました。

「弟子入りだけでもお願いします」

「わかった。前期授業が始まる前に私の研究室へ来なさい」

私は、嬉しくて、嬉しくて仕方がありませんでした。

「住み込みはできなかったけれど、弟子入りはできた。打率5割だ！」と思いました。その後の4年間、私は、埼玉の親戚の叔父の家の2階に住み、その先生から直接実学を学ぶことになりました。先生宅に住み込みがダメだった時には叔父の家の2階を借りることができるのかを事前に確認しており、リスク管理はしていました。このリスク管理は、中学・高校時の生徒会活動の実践で学んでいました。

地域創生の成功の仮説

大学では、しっかりと国内外の地域創生の先駆事例、実学を4年間で必ず学んで、地元へ戻ろうと考えていました。大学1年生時に、「どうしたら自分のまちを活性化することができるのか」に関して自分なりに仮説を立てていました。

この時の仮説は、

「産業・歴史・文化を徹底的に掘り起こし、研きをかけて、世界に向けて発信するキラリと光るまちづくり」ということ。これは「まち育て」です。これを実践する時には、必ず地域の人たちが一緒に実施することとし、「次世代を担う子どもたちに愛着心を育む」ということが大切です。できる限り地元に関して愛着心を持ってもらえるように育む、ひとづくり。これは「ひと育て」です。

この「まち育て」と「ひと育て」を行わなければ、まちは決して元気にならないと考えました。自分のまちの産業・歴史・文化を徹底的に掘り起こし、「あるもの探し」をして研きをかけるのです。その研きをかけたものを世界に向けて発信できるように、キラリと光るまちづくりを推進する。

部分・個別ではなく、お父さん、お母さん、おじいさん、おばあさん、近所の人たちが関わることができるように仕組みを整えつつ、次世代を担う子どもたちが関われる機会を創発し次世代の地域人財の養成をします。

このように「やっぱり、このまちはいいよね」という「愛着心」を育むのです。子どものうちにこの体験をしていたら、一度まちを出たとしても、また戻って来たいなと思うことでしょう。たとえまちを離れていたとしても、自分たちのまちを応援することでしょう。このように仮説を、大学1年生時に立てて、地域で実践することにしました。

まちの現場を直に見る

私は、大学1年生時から、先生とともに地域の現場へ入っていました。そうするとすぐに知り気づきました。地域内が、商店街は商店街、温泉街は温泉街と、部分・個別でバラバラに動いているのを目の当たりにしたのです。商店街に空き店舗が発生したら、その部分を何とかしようとするのですが、全体における部分・個別のあり方や他の機関などとつなごうとすることはありませんでした。

自分の会社さえよければ、自分の地域さえよければ、自分の店さえよければいいという動きに見えました。部分・個別の最適化は、まち全体の最適化にはなりません。これは大鉄則です。「つなぐ人」をどのように養成していくのか。地域創生には、リーダー・プロデューサー人財の養成が急務であり、「ひと育て」「まち育て」のあり方を常に念頭に置き、大学4年間を大切にして過ごすことにしました。

何度となく現場を訪ね、直に対話し実践してみると、自分の考えた仮説のとおりであることを実感しました。また、現場で仮説とは逆のことが実行されているためにまちが衰退しているのを痛感しました。まちのなかで7つの材木店が個別に動いていたのと同じです。

そこで、まちのなかでは「物々交換」でどのくらい用を成すことができるのかを考えてみました。

たとえば、「私はコメを作っていますが、これをイモと換えてもらえませんか」または、「私は洋服を作っていますが、その靴と換えてもらえませんか」ということが、自分の地域内でどのようにカバーできるのかです。

これは、いわば自分が住み暮らすまちの産業連関といえます。カバーできないものは、まち分析でいうと「弱み」です。それはどこの地域でカバーできるのかを、できれば近場の地域で考えます。物々交換には、送料（経費）がなるべく要しないようにします。この「ひと」「こと」「もの」がどのように動いているのかが、これまでは全く調査・分析されずにバラバラに動いていたのです。

たとえば、何かを創る時、かなり遠くの地域から原料をいつまでも仕入れていたりするのは、どう考えても非効率的といえます。

地元役場は採用なし　小樽市役所を受験

大学時に実学・現場重視の視点から「ひと育て」「まち育て」の考え方を確立し、私は地元の役場へ願書を受け取りに行きました。すると、役場の担当者から、

「うちは、来年度は高卒・新卒者1名のみの採用です」と言われたのです。

高卒で受験しようと思ったのですが、年齢が該当しませんでした。そこで、私は子どもの頃から海水浴や、つりなどでよく遊びに行き、特に海、運河や歴史的建造物が大好きだったので、小樽市役所を受験しようと考え、訪ねてみました。

「願書がほしいので来ました。来年度の職員の採用はありますか」

「高卒も、短大卒も、大卒も、大学院卒も募集します」

「何人ですか」

「若干名です」

「若干名とは何名ですか」

「若干は若干ですよ」

「もし、受験をして、誰も該当者がいないという時には、採用0人ということもあるのですか」

「ありますよ」

「もう一つ教えてください。総合計画に重点事業のスケジュールは決められていますよね」

「そうです」

総合計画は、まちの憲法です。議会で議決し、それがここ10年間の政策と予算に反映されるものです。

「通常は、いつ職員は辞めるのですか」

「それは、定年で退職する時ですね」

「それ以外で辞める人はいるのですか」

「ほとんどいませんね」

「途中で辞めないで、定年退職で辞めていくとすれば、いつ何人が辞めるのかが分かりますよね。総合計画に則って、スケジュールが決められている重点事業を行う際、いつ、どのくらいの人員が必要であるのかが分かると思います。それなのに、どうして若干名の採用募集をするのですか」

「あなた、願書いるのですか。要らないのですか！」

ついに担当者を怒らせてしまったようでした（笑）。

お役所文書は不思議？

まずは小樽市役所の一次試験を受験し、合格しました。一次試験の合格通知と二次試験の受験案内の書類が送られてきました。そこには別紙に二次試験の要領が細かく書かれており、「ジャージを持参」とありました。それで、私は電話をして聴きました。

「ジャージーはオスですか、メスですか。どれくらいの大きさの牛を連れていけばいいのでしょうか」

「ジャージとは、着るものですよ!」と怒られました。

何でそんなことを聴いたのかというと、この受験生に送られてきた文書は、対象者が誰なのかを考えているのだろうかと思ったからです。市民を対象に文書を出す時に大切なのは、シンプルに分かりやすく書くことです。行政が文書を出す時には、誰が対象であるのかをよく考えて作成しなければなりません。市民のなかには、大卒も高卒も中卒もいるわけです。

市民の99%は小学校、中学校を卒業していますから、中学生のレベルで書かないと何を言っているのか分からないということになるでしょう。それを行政の言葉で書くのは違うのではないかと考えたのです。シンプルに分かりやすくしないと、理解されないのではないか、それを指摘したいと思い、私はあえて電話をしたのです。本当は、

「この文書は、高校生、短大生や大学生が読むものです。よって対象者に応じた文書の構成や表現をしないと分からないのではないでしょうか」と言いたかったのです。でも、ここまで言うといささか失礼なので、

「ジャージーは、どのくらいの牛を連れていったらいいのでしょうか?」と聴いたのです。続いてこう聴きました。

「ジャージは着て行ってはいけないのですか」

「ダメですよ！　持ってきてください！」

即答でした。

「当日、頑張ります」と言って、その時は電話を切りました。

二次試験は40人いましたが、誰一人として牛を連れてきた人はいませんでした（笑）。

「皆さん集まりましたね。それではジャージに着替えてください」と、二次試験の担当者がすぐに言いました。

「ジャージは、着て来てもよかったのではないですか？」

「ダメですよ。ここで着替えなければダメなんです」

「それも試験なのですか？」

「試験ではないですけれど、ここで着替えてください」

そして、ジャージに着替えると、

「それでは皆さん、反復横跳びをしてください」

なぜ体力測定をするのかの説明は一切ありません。

「一次試験は、点数を取れば取るほどよかったのですよね」

「あたりまえです」

「では、二次試験の体力測定は、できればできるほどいいのですか」

「そんなことは言えません。自分で考えてください」

つまり、指標《ものさし》がないのです。実に驚きました。果たして、公務員の仕事に反復横跳びはどの程度必要なのか。私は面白くなってしまって、握力測定も手に力が入りませんでした。そして、試験担当者が言いました。

「それでは、最後の種目です」

私は、これは種目だったのかと、またまた実に驚きました。そして、こう続けたのです。

「皆さんは60秒間に腹筋を何回できるかな？」

今度は、語尾が疑問形でした（笑）。私は、おそらくはこの腹筋の点数が一番高いのではないかと感じました。それは試験担当者が、これまでと違う表現をしたからです。ところが、試験担当者はそんなことを意識することなくそれを言っていたのでした。これが問題なのです。

公務員が、まったく意識せずに言葉を発するということは、トラブルの原因となります。コミュニケーション能力の向上に関しては、人から教えられないことが多いのですが、この方は教えられていないのかなと思いました。

市長に本気度を試された面接

大学時の私の弱点は、プレゼンテーション能力でした。すでにあがり症は改善していましたが、上手にプレゼンテーションができなかったのです。たびたび話が前後するのです。これを改善しないといけないということで、学術学会に所属し、ストーリー（物語）を10分間ものを作成し発表することを徹底して行っていました。

そのために、私は、試験担当者の表現がコロコロ変わることがとても気になり、これは違うなと思い聴いていたのです。私は、試験担当者に聴いてみました。

「最後の表現は、疑問形で、かつ、種目と言っているので、腹筋が一番点数が高いのですか。公務員は腹筋力が大事だということでしょうか？」

「そんなことは、誰も言っていませんよ！」

その後、私は、全力でワーっと腹筋を60秒間に63回しました。ヘトヘトになりました。でも、公務員は腹筋力であると思ったので、頑張ったのです（笑）。

「それでは、ジャージからスーツに着替えて、面接会場へ行ってください」

面接会場に行くと、こう言われました。

「はい、木村さん。椅子にどうぞ座ってください」

私は、腹筋を63回もしていたので、「気持ちが悪いな」という状態にありました。少しうずくまっていると、面接官から問われました。

「病気ですか？」

「いいえ、体力測定を全力でがんばりました」

「一つ質問いいですか。なぜ面接を先にせずに、体力測定を先にするのですか」

すると、面接官は的確に答えてくれました。

「去年も一昨年も、この順番ですよ」

そして、面接の質問が始まりました。

「なぜ、ここを受験したのですか？」

「私の出身のまちが、受験をさせてくれなかったからです」

「何か問題があるのですか？」

「いいえ。高卒の新卒者1名しか採用しないということでした」

「何でうち（小樽市）なのですか？」

「産業・歴史・文化を徹底的に掘り起こし、研きをかけて、世界に向けて発信するキラリと光るまちづくりと、未来を担う子どもたちに愛着心を育む人づくり。この『まち育て』と『ひと育て』を、小樽市でやってみたいです」

「そうですか、分かりました。では、次の会場へ行ってください」

通常、面接はここで終わりでした。私1人だけ、第二面接会場が用意されていたのです。そこには、市長と副市長（当時は市長と助役）がいました。

「木村君。君は、他に合格しているところがあるのでしょう」

「はい。合格しています」

「あなたの顔には、『国に行く』と、書いてありますよ。結論から言いますと、あなたは落ちます。以上です。もし、本当に入りたかったら、来年、再度一次試験から受け直してください。そうしたら、本気ということを信用しましょう」と言われたのです。

「必ず、来年受け直します」

私は、そう言って東京へ戻りました。大学学長が直筆で推薦状を書いてくれており、一次試験合格後に小樽市へ提出済みでしたがとても残念でした。

これは大変なことになったな。確実に落ちると思い、国家公務員の面接へ行きました。

「小樽市役所が落ちそうなので、よろしくお願いします」

「なんで小樽市役所に落ちる人を、国で雇わなければならないんですか」と聴かれましたが、面接をしてくれて、あとは結果を待つようにと言われました。そうしていると、小樽市から合格通知が来たのです。こうして私は念願の小樽市役所へ入庁することになったのです。

第３章　小樽市役所時代

○小樽市役所に入るが、希望の部署には行けず。しかし、考え方を切り替えて、モチベーションを維持。
○市内全域を回ることになり、小樽市の現状を肌で感じる。
○毎日先輩に誘われ、職場ではできない話をすることができ、「自分」を知ってもらうことができるとともに「先輩」の人柄も知ることができた。
○市内全てのラーメン店、寿司屋を回り「事業承継」が大きな課題であることを知る。
○小樽の「宝もの」を発見し、そのＰＲ手段を考え実行する。全国初のライトアップイベントを行い、それを横浜市が反応する。
○市役所のレールを外れ議会事務局へ、さらに企画部、市長秘書へと異動。上司に厳しく鍛えられ市政全般を勉強することになる。
○経済部で市内企業のほぼ全てを回り、業界、個々の企業の抱える問題を把握。

自治体の活性化が日本の未来を築く！

当時、私の地元のまちは人口約2万人で、小樽市の人口は約17万人でした。大学4年間で先生から教え込まれていたのは、人口2万人、1万人、5000人という規模のまちをしっかりと立て直し、先駆的モデルを創発することが大切であり、そこを直接担当することが、いかに大事かということでした。

地域が生産地としての役割を担うことが大切です。誰もが東京に集まり、お金さえ出せば「もの」を買うことができると考えていると、「もの」がないという状況に直面することでしょう。地域の環境を守り育てる、そういう人財を創り出すことに全力で取り組む先生でした。よって、私はできるだけ小さな自治体へ行きたいと考えていたのです。

「小樽市役所に入ります」と先生に報告すると、

「随分人口の多いところに行くな。でも、どんどん実践して実績を上げてほしい」と言われました。地元の町役場は受験すらできなかったわけですから、これは仕方がありません。

モチベーションの見える化

自己分析における「自分史年表」の作成では、モチベーションをグラフ化していきます（図表7　16頁）。たとえば、

「ある人は、小学校の時にモチベーションが上がりましたが、中学校ではいじめなどがありモチベーションが下がりました。でも、高校に入るといじめもなくなってモチベーションが上がりました。高校の時には担任の先生がいてお世話もしてくれたのですが、大学では全て自分でしないとならずモチベーションがかなり下がりました」

人生には浮き沈みがあるものです。

そのモチベーションが下がった時に、誰に相談したのか。誰がそれをフォローしてくれたのかということを理解していないと、自分が苦境から立ち直る時、どうしていいのかわからず、自ら解決できないことになります。そうなると親としてもどうしたらよいのか分からなくなります。

自分の人生のモチベーションはこの動向を確認することで、あの時はこういう方に相談し、自分は立ち直ることができたということなど、自ら知り、気づかなければ、誰にもフォローしようがないのです。不眠症になり病院に行っても、医師は薬をくれますが、肝心なのは自

分でこれまでどのように乗り越えてきたのかを知り気づき、解決する力や復元力しなやかに適応し生き延びる力（レジリエンス）を身につけることです。

どういう形で、これまで自分のモチベーションが上がったり、下がったりしてきたのか。それは、誰と共に解決してきたのか。それを知り、共に解決してくれる人を大切にすること。これが、いわゆる真のパートナーといえるでしょう。

希望とは別の配属部署

小樽市役所入庁時

小樽市役所から合格通知が届き、昭和59（1984）年4月1日に辞令を受け、1週間の初級研修がありました。研修では、「地方自治とは何か」という基礎的なことから、現地視察などがありました。
研修の最終日に、内示が出ました。私は財政部納税課とのことでした。志望理由の小樽市役所でやってみたいこととはほど遠い部署でした（笑）。内示直後は多少は気落ちしたのですが、すぐに考えを切り替えました。「自分の本業は『仕事』と『ライフワーク』

である」と。

世の中それほど甘くはありません。簡単に自分の希望する部署へ配属されて、やりたいことができるわけではありません。いやむしろそうならないことの方が多いでしょう。そんなとき、辞めるというのも一つの選択でしょう。しかし、こんなことは日常茶飯事と超プラス思考で考えることも必要です。

私は頭を切り替えました。自分のライフワークは、休みの日にやればいいと考えたのです。モチベーションを下げないためには、何時もこうした発想の転換は必要です。しかもそれは他人がやってくれるのではなく、変えるのは自分自身なのです。

納税課では、私は競売担当でした。なぜこの仕事を担当したのかというと、入庁の際の履歴の中に民事執行法と民事訴訟法のゼミ長をしていたことを書いていたため、また地元出身ではないので土地勘を養わせるためだったと思われます。運転手さん付きの公用車で市内を回ることができるのです。

「これは好都合だ。大変ありがたいことだ」と思いました。というのは、小樽市出身ではない私が仕事として毎日市内全域を回ることになります。行政職員は地域を知り尽くしていなければなりません。地元出身でない私にとって、地元の皆さん以上にまず小樽市という地域全体をよく知ることが必須だったのです。

運転手さんに「ここはこういうところです」と、解説をしてもらいながら市内全域を回るというのは、願ってもないよい機会でした。その方は実に気の利いた方で、同じ地域へ行く際もあえて違う道を通ってくれました。とても感謝です。

もうひとつ納税課で勉強になったのは、業界や企業の実態がよく分かったことでした。つまり儲かっている企業とそうでない企業、儲かっている業種とそうでない業種などを知ることができたことでした。もっと言うならば、納税額の高い地域とそうでない地域も知ることができました。また生活保護世帯の実態、なぜ生活保護に至ったのかなども知ることができました。

何事も現場での「現状把握」がはじめの一歩ですが、特に行政には重要です。というのは「現状はどうなっているのか」ということが、打ち出す施策の基礎だからです。

もちろん、事はそう簡単ではありません。一つの組織の中で完結する事柄であればいいのですが、問題・課題の多くは一つの部署で対応できないことが多いからです。逆に言えば、一つの部署で対応できないから問題になっているのであり、課題として残ってしまっているのです。

私は現場をよく知り尽くしている納税課がありながら、それが経済政策に反映されていないことを不思議に思い、経済部へ行き、

「なぜ財政部（納税課）と経済部は一緒に経済活性化の政策を協議し立案しないのですか」と尋ねました。そのとき、経済部の方から言われたのは、「あなたは納税課です。そこの担当の仕事だけをやっていればいいんじゃないかな」ということでした。それ以降、私は経済部を「不経済部」と心の中で呼ぶことにしました（笑）。

同期・先輩との交流・対話

私が小樽市役所に入庁した時は、大学卒の新人の同期職員は10人でした。同期会を作り、時々カラオケに行って、情報交換していました。しかし、様々な理由があるのでしょうが、入庁した時の志を実現させることなく、すぐに辞めていった方もいました。

職場（納税課）の先輩は、入れ替わり立ち替わり、毎晩飲みに連れて行ってくれました。最初は立ち飲み屋。スルメなどを肴に日本酒を「もっきり」で2杯ほど飲んで、次は居酒屋でした。「もっきり」というのは、升の中にグラスを置いて、あふれるぐらいに日本酒を注ぐもの。元の言葉は「盛り切り」です。

それでは、なぜ毎晩新人を先輩が居酒屋などに連れていくのかということです。私は独身でアパート生活ですから、とてもありがたいのです。しかし私の夕食費を節約させるために先輩が連れていってくれていたわけではありません。そこで私から先輩に、「先輩、これはいつまで続くのですか？」と聴いたところ、答えてくれました。

「お前が嫌だと言うまでだよ」

「そんなもう嫌だなんて言うわけがないじゃないですか！（笑）」

要するに仕事中に言いづらいこと、言いたかったことなどがあればこういう場で遠慮なく言え、ということなのです。上司の中には、

「楽しく飲んでいる時に仕事の話をするな」という方がいることも聴いています。ですが、少なくとも私の最初の職場である納税課では、新人職員の話を聴く場を何時も用意してくれていたのです。

もちろん、先輩たちもそうやって育てられてきたのです。自分たちが先輩にしてもらったことを後輩にしてくれていたのです。

「お前に後輩ができた時にもそうするんだぞ」といつも教えられていました。

市役所の「レール」って何？

ある日のこと。ある先輩と飲みに行った時、

「木村、おめでとう。納税課に勤務した時点で『レール』に乗っているんだぞ」と言われました。とっさに私は、

「ありがとうございます。頑張ります！」と返事をしたのですが、その「レール」の意味が分かりません。

「先輩、レールってどんなレールなんですか？」と聴いたところ、

「最初に納税課へ配属になった者は、次に生活保護世帯を担当する保護課、さらに病院事務局へ行くことになる。つまり納税、保護、病院をぐるぐる回り、最初の納税課で無事定年を迎えるんだよ」と言うものです。その話を聴き、同席していた同期の者が、

「それって乗ってはいけないレールなんじゃないですか？」と言ってましたが、このことをレールと呼んでいたのです。


この3つの職場は花形ではありませんが、市民にとって大切な部署には違いありません。しかし、その3つのみを回り公務員生活が終了するというのは何か寂しい感じもします。

過去の異動で納税課から観光課へ異動した方がいたということを聴きました。昭和60（1985）年当時のことです。当時の小樽市は観光客が少しずつ上昇していました。年間の観光客はそれまでの100万人から倍増の200万人になっていきました。ちなみに、現在は約780万人になっています。土日祭日はもちろんですが、平日でも観光客が途切れる

ことがありません。実にありがたいことです。

花形の観光課へ行ったのであれば、その分野で活躍されているのだろうと思い、先輩に、

「その方は、今、どうなっているのですか？」と尋ねたところ、

「(納税課に) 戻ってきているよ」ということでした。

つまり、依然として「レール」機能は働いていたのです。ある意味、頑張っても頑張らなくても将来は何も変わらないとも言えます。そうした役所の仕組みの不思議さを改めて実感したものです。

ラーメン、うどん・そば屋の現場を回る

さて、話を元に戻しましょう。私の初の職場での仕事なのですが、法律等に基づき、淡々と実施していました。配属されたときに決意したことは、本来自分がやりたいことは休日に行うということ。それは「産業・歴史・文化を徹底的に掘り起こし、よく研きそれを地域の活性化につなげる」ことでした。そこで、ある日、先輩に聴きました。

「小樽にはラーメン店、うどん店、そば屋は何軒あるのですか？」と。納税課でそんなことを聴く者などいませんので、先輩も、

「いっぱいあるぞ」という答えでした。そこで昼休み時間に保健所へ行き、営業許可を出している店のリストを用意してもらいました。

保健所の担当者が不思議な顔をして、

「木村さん、これは何に使用するの？」

「全部回ってみるんですよ」

「え？　何で？」

「まちの産業・歴史・文化を行政職員は知らなければならないからです」と私は答えました。自分のまちを知るということは、上辺だけの統計を見るだけではなく、そこで働いている方に直接会い自分の肌で感じ取ることです。ピックアップして調査するのではなく、全ての店を調査することにしたのです。

なぜこの商売を始めたのか、なぜここで商売しているのか、どこで修業をし、今はどんな目的・目標・使命で商売をしているのか、後継ぎはいるのか等々、ありとあらゆる角度から徹底的に調査・分析しました。

全店を回り、その内容を地図に落とし込みました。調査内容は多岐に渡りましたが、店の方が公開したくない事項は、公開項目から外し、飲食店マップを作成しました。

この調査を通じ、当時も問題化していた「事業承継」のことが浮かび上がってきたのです。

「次の家賃更新のときに廃業する」「後継者がいない」等々のことが明らかになったのです。まちの大切な地場産業が将来どうなるかということは、例えば、廃業を考えている経営者が多ければ、あるいは後継者がいなければ、まち全体が衰退する可能性が大きいということです。こうした「現場」の動き、とりわけ将来の傾向を知らなければ有効な産業政策が打てるわけがありません。

次は小樽の花形・寿司屋へ！

この調査を続ける過程で、私は生まれ故郷のまち役場でかつて聴いたこと、すなわち、「まちが衰退していくのは時代の流れだよ」という説明は不合理だと考えたのです。事業承継ができる環境にあるのか、その事業承継をする有力候補の子どもが、今どこで働いているのか、継ぐ可能性はあるのか等々をまったく把握せずに、「時代の流れ」との一言で片づけるのは、現場を全く把握していないと言えるでしょう。

また、納税課の別の先輩に聴いてみました。

「小樽といえば、寿司ですよね。札幌からタクシーに乗って来て、小樽で寿司を食べて帰る方がいるほどですね。ところで、小樽に寿司屋は、何軒あるのですか」

「ラーメン、うどん店、そば屋より、もっといっぱいあるぞ！」

ラーメン店等の調査後、再度保健所へ行き、小樽には寿司屋が何軒あるのかを知りたいと伝えると、こう言われました。

「あなた、ラーメン店、うどん店、そば屋を調査したでしょう。その結果をまずくださいね」

その調査結果を教えると、寿司屋のリストを渡してくれました。そこで、私は、小樽には寿司屋が１３４軒あることを知りました。これは、ラーメン店、うどん店、そば屋よりもはるかに多い数でした。

「このリストの中で、営業している店と休業中の店は、分かりますか」

「この間も言いましたでしょう。こちらはとても忙しいんです。だから全ての店のことは分からないのですよ」

私は驚いて、言いました。

「えっ、現場を押さえていないのですか？」

「このリストをもらって、あなたが回るんでしょう？　そうしたら、それを教えてください」

「御意！」

今度は寿司屋を回ることを先輩に話すと、

「ラーメンやそば屋と違って、１３４軒分の寿司は食べることができないのでは？」と言われました。確かにそのとおりです。寿司屋を回り1店で10貫を食べていたら「破産」してしまいます（笑）。そこで私は、固定観念を外し、視点を変えることにしました。

寿司屋で10貫頼まなければならないという決まりはありません。1貫でも2貫でもいいのです。小樽と言えば、「ハッカク（八角）」、トビウオのような魚です。そして、「シャコ（蝦蛄）」、小樽のシャコは結構大きめです。あとは「イカ（烏賊）」。本州のイカと違って、コリコリして生きのよさを感じます。このような特徴があることから、私は寿司屋に行き、カウンターに座って、ハッカクとシャコの握りのみを注文することにしたのです。

まず1軒目に入ると、

「カウンターに座っていいですか？」と一言。

お店の方から、

「どうぞお客さん。今日は何にしますか？」

「ハッカクとシャコの2貫を握ってください」

そして、

「教えてください。私は市役所の職員ですが、今、寿司屋を調査しています。ぜひご協力ください」と言うと、快く応じてくれました。

「どこで修業をしたのですか、なぜ小樽市で寿司屋をしているのですか、目的・目標・使命はどのようなことですか等々、教えてください」と聴き、10軒、20軒と回っていきました。

ある日、ガラガラと店の戸を開けただけで、

「あっ、木村さん。どうぞ、今、握るから」

「まだ、寿司を頼んでいませんが……」

「ハッカクとシャコだろ、あんたのことが顔写真入りで回っているよ」

つまり、寿司仲間の中で「この行政職員が来たら、ハッカクとシャコを出し、質問はこの項目だから」という情報が流れていたのです。中には、準備万端、

「今、忙しいので、内容をメモにしておいたから」と言って、メモを渡してくれる店主もいました。

さらに、30軒を過ぎたあたりから、

「あんた、あだ名がついているぞ。知っているか？」

「何でしょうか？　教えてください」

「あんた、いつも2貫しか頼まないだろ。だから、『2貫王』って呼ばれているぞ（笑）」

この調査内容に関しては、自分の休みの日にライフワークとして実施していましたが、職場の上司には調査理由を説明し、調査結果も報告していました。

「スーパー公務員」の条件とは?

地元の方が地元のことを何も把握していない。これは、実に悲しいですし、残念でもあります。しっかりと地元を把握するため、多くの声を聴き、現場を押さえることが肝心です。行政は、いかに求められたことに対して、縁の下の力持ちとして黒子役に徹することができるかが大事です。〝スーパー公務員〟とは、実は「黒子役」のことなのです。「俺ってすごいだろ」というのではありません。

地域の皆さんを主役に押し上げる黒子役の人財を〝スーパー公務員〟と呼ぶのです。まち分析をし、まちを理解して、まちの皆さんが主役になるようにプロデュースをする、黒子役の行政職員が重要です。そうでない〝エセスーパー公務員〟は、組織の中で浮いてしまいます。

たとえば、職人さんにスポットを当てれば、その職人さんがテレビや雑誌にどんどん登場するようになります。小樽市職員であった22年間、私は、テレビ、新聞や雑誌などに一切出たことはありませんでした。私と関わっている皆さんは、これをやっているのが私であることを知っていましたが、それ以外の一般市民の皆さんには、私はまったく知られていない存在でした。

何にもないよ、このまち

私は、この調査のなか、とても残念に思ったことがあり、現場の声をまとめ、これからの小樽市の産業のあり方に関して話したいと考え、職場の上司に部長会議に出席させてほしいと相談したことがあります。

その出来事のひとつは、昭和59（1984）年のことです。小樽市役所に就職が決まり、私は市内に家を借りました。この時に、小樽駅から乗ったタクシーの運転手さんに、こう言われました。

「お客さん、何しに来たの？」

私は、こう答えました。

「小樽市に来たの」

「その市ではなくて、何をしに来たの？　何もないよ、このまち！」

運転手さんが、こう言ったのです。

これに怒りを覚えたのではなく、私は「そういうことか」と思いました。当時、タクシーの運転手さんすら、このまちにどんな宝ものがあるのかを理解していませんでした。

「何にもない」というのは、自分だけの感覚です。

現在、小樽市を象徴する観光名所の小樽運河は、私が就職した2年後の昭和61（1986）年に完成。よって、当時はまだ運河論争が続いているような状況でした。

小樽運河の40m幅のうち、折衷案で半分の20mを埋め立てて道路整備し、もう半分の20mを運河整備したもの。全長1140mあり、幅は臨港線沿いは20m、北部は40m、散策路には63基のガス灯が設置されました。

小樽市役所や市議会は全面埋め立て、商工会議所は全面保存であり、意見が対立していました。よって、市長が出席する行事には、商工会議所の関係者は出席しないという状態が続いていました。地元市民からみれば、政治と経済が分断されたような状況のまち、何もないまちに何のために来たのだろう、という気持ちだったのでしょう。

自ら知り気づく重要さ！

これではダメだなと考え、早速、私はハイヤー・タクシーの組合へ行きました。

「マイクロバスと大型バスを用意し、学芸員と私とでまちを案内するので、運転手の皆さんに産業・歴史・文化を知り気づいていただきたいと考えています」

「観光客の皆さんに、地元を回り一番知っているタクシーの運転手さんが『何もないよ、このまち』と言われたのでは、悲しいので、ぜひまち案内に参加ください。そして、まちの宝ものをお客さんに伝えてください」と熱く語ると、ようやく理解してくれました。人は、自ら知り、気づかないと決して行動には移しません。

「小樽市には、工部大学校（東京大学工学部の前身）の第1期生4人のうち3人の作品が残っています。それは、これとこれです」と説明していくと、驚いて皆さん、メモをしていました。

「大丈夫です。説明したことは、こちらのカードに記載しています」とカードを渡すと、とても喜んでくれました。

こういった知識があると、タクシーのお客さんに、

「小樽市は何にもないと思われているかもしれないですけれど、この建物は、実は」と案内いただけるようになります。人というのは、知っていることをより多くの人に伝えたくなるものです。お客さんにしても、タクシーの運転手さんがそうした知識を持っていることが分かると、まちに親しみを持っていただけるものです。

「そうなんだぁ。それじゃあ、運転手さん、今言っていたところを案内してよ」という新しい展開が生まれたりもします。運転手さんも、

「そうか、自分がまちのことをよく勉強すると、お客さんに喜ばれるし、売上も伸びるんだ」ということを、身をもって体験することになるのです。自ら知り気づくというのはこういう

ことなのです。

「3年後に来てよ!」

もちろん、スムーズに事が運んだわけではありません。特に学芸員の協力が必要でした。私が学芸員に小樽案内を依頼に行った際、学芸員からは「小樽に生息する虫を3年間、調査するので無理」とのことでした。冗談だったのかもしれませんが、学芸員からは、「僕はずっと虫を追っているから、そんなことできないね。3年後に来てよ」と言われたのです。この程度のことであきらめてはいけません。「敵を知らずんば戦いできず」ということで、その学芸員のことを知ろうとしました。すると、その方の行きつけの居酒屋やスナックが分かったのです。

改めて学芸員のところに行きました。

「先日の話ですが、最初にタクシーの運転手さんを案内して、その後は、ホテル関係者など。最後に居酒屋やスナックの経営者を案内しようと思っています。ついては、このお店とか、このお店とか……」というふうに、その人の行きつけの店を入れて、お店の名前を挙げていきました。すると、

「ん？　それでスナックって何軒あるの」

「約350軒です」

「よく知っているね。それで？」と興味を示してくれたのです。

「これらのお店の方に、まずは呼び掛けて、案内しようと考えています」

「木村さん、分かった。虫の調査ね、ちょっと休むわ。人も大事だからね」

こうして、学芸員さんは小樽案内を手伝うことに承諾してくれました。

寿司屋は私1人で回ることができましたが、スナックはそうはいきませんでした。350軒の店を1人で回っていたのでは、いつまでかかるか分かりません。100軒を回った頃だったでしょうか、妻に言われたのです。

「あなた、スナック回りは趣味でやっているの？（笑）」

正直なところ、同じようにして残りの250軒を回ることは自分でもきついなぁ、と感じていました。それにしてもなぜこんなにスナックが多いのかというと、小樽が港町だったからでしょう。長い航海を終えた船員さんが気軽に憩える場としてスナックだったのでしょう。港町の特色がこんなところにも現れていたのです。

「スナックツアー」を企画することとして、その参加の意向を聴く目的で残りの店を回りました。また、「飲んで歌って安心・安全3000円ポッキリママさんマップ」を作成したりしました。小樽案内に参加の皆さんには、まちの観光大使のつもりで、どんどんまちの宝ものをPRいただくようにお願いし実行いただきました。このことは次第に観光客数の増や売上増に表れてきました。

海岸に無数のお地蔵さん?

小樽市にはオタモイ海岸という、とてもきれいな場所があります。

昭和初期、ここにはオタモイ遊園地とその中心となる施設「龍宮閣」という料亭がありました。残念ながら開園後17年の昭和27（1952）年に龍宮閣が焼失したために閉園となりました。それまでは北海道内の各地から家族連れなどが来て賑わっていました。今は移築された唐門がある程度で、往時をしのぶことはできないのですが、小樽市民であれば知らない方はいない有名なところです。

実は、その海岸側にはお地蔵さんがたくさんあるのです。どうしてたくさんあるのか不思議に思い、地元の方に聴いてみたのですが、よく分かりませんでした。これはひとつの観光資源として活かしたいと考えました。そこで、お地蔵さんの入ったTシャツを大漁旗を製造会社に頼んで製作してもらい、同期会メンバーとのカラオケ大会時に私からのプレゼントとして配りました。Tシャツの表はお地蔵さんの小さな絵を胸にあしらい、背中は大きなお地蔵さんをイラスト化して刷り込んだオリジナルです。

そしてある日曜日の午前10時にそのシャツを着てオタモイ海岸に集合し、地蔵の数と位置をマップにする作業を行いました。「地蔵シール」を作り、数え終わった地蔵にはそれを貼っていきました。ところが1週間経ってそこへ行ってみると、お地蔵さんが増えているのです。しかも不規則に置かれていますから、最初から数え直さなければならなく、これには参りました。仲間にその作業をお願いし、私は、地域の皆さんへの聴き取りをしました。するとこんなことが分かったのです。

海岸の奥に神社があり、その神社は、お参りすると子どもを授かると言われていました。そして子どもを授かったら、大小を問わず、お地蔵さんを置いていくというものでした。「子宝地蔵」として多くの参拝者が「オタモイ地蔵尊」に訪れていたのです。

私たちが変わった「地蔵Tシャツ」を着て、周辺を回っていましたので、地域の皆さんは、私たちのことを何か怪しい団体ではないかと思っていたようです。あるとき、このように尋ねられました。

「あなたたちは、どこの方?」

「市役所の職員です。地域の宝ものを一つひとつ確認しています。まちの宝ものを見つけて、現場を確認し、よく研くということをしています」

学生の時に仮説を立てたとおりに、現場をしっかりと自ら確認していかなくてはなりません。そして、そのことを未来を担う子どもたちが愛着心を持つように、伝えていかなければなりません。

全国初！　歴史的建造物のライトアップ

「子どもたちの未来のために」と発言するだけではなく、具体的に実践行動することにしました。それは、地元の「職人」さんたちと連携した「キッズベンチャー塾」の開塾でした。これは小学5年生と6年生を対象にチーム編成し、自分たちで何を創るのかを決め、職人さんの協力で制作し、商店街に店を作り販売するところまでを実践するものです。

そもそも「職人」とはどういう人を言うのでしょうか。そして、小樽市内には何人いるのでしょうか。何かを始める場合、その対象となる「ひと」「こと」「もの」の範囲をしっかり決

黒子役に徹する行政を目指す！

めなければなりません。「定義」が必要となります。

また小樽市内には、いわゆる「歴史的建造物」という貴重な建物が１００棟以上ありました。これを活用しない手はありません。

そう考えて、まずは「歴史的建造物」とは何なのか、その「定義」を担当部署に聴きに行きました。それまでは、歴史的建造物の定義が曖昧なところがあったため、多額の費用をかけて改修したにもかかわらず、実際は、倉庫として使われているという状態でした。このままでは、観光資源にもならず、雇用も生まず、経済効果もありません。それを例えば、歴史的建造物を演奏会場やレストラン・喫茶店、体験工房等に利活用できれば、大きな経済効果を生むことになります。

歴史的建造物を活用してもらう前に、その価値を市民の皆さんや観光客に知り気づいてもらうことが先決と考え、まずは夜にライトアップすることにしました。これは全国初の試みでした。市民の皆さんには、こうした「宝もの」を認識していただく。観光客には「これはすばらしい」「きれいだね」と感動いただき、滞在時間が伸びたり、宿泊していただいたり、「こんなところで食事をしてみたい。お茶を飲んでみたい」

さらに、

「こうすればいいのではないか」といった積極的な意見が出ることを期待したものでした。

ライトアップが全国初の試みということもあり、他に事例・手本がなく、実際に行うのは大変でした。18時にライトを設置し、21時過ぎには撤去しなければなりません。全てボランティアであり、業務として行っているのではありません。よってライトアップの場所を増やすのは厳しいものがありました。

このような「イベント」の成否は継続できるかであり、それは「稼げるのかどうか」が決め手になります。いくら志は高くても、補助金頼みであったり、収益を出すことができなければ、どんどん「協力者」「支援者」が減っていきます。継続できなければ市民の関心も薄れていきます。そこで行政機関、警察等の協力をいただき、道路の一部を使用し、ジャズフェスティバル等を開催することになりました。大切なことは「急ぐな焦るな慌てるな、驕るな、近道するな、けっして諦めるな」そして、着実に「できない」を「できる！」に変えることです。

この小樽市の実践にいち早く反応したのが、同じ港町の横浜市でした。そして同市からぜひ開催による実績内容を発表して欲しいと招かれました。さすが横浜市だなと思ったのは、そのライトアップのプロジェクトには、照明デザイナーや専門家が関わっていたのです。

私たちは手探り状態でライトアップの角度や色、明るさなどを、皆んなで話し合いながら、実践のなかからベストな状態を創り出していったのですが、横浜市ではそうしたことを科学的に実践しようとしていました。その点は横浜市に学ぶところは大きいものがありました。私たちはなぜ小樽市でライトアップを始めようとしたのか、その理念・目的・目標・使命を明確に伝えました。

レールから外れた異動

私は納税課勤務でしたので、これらのことを「仕事」として行うことはできませんでした。そして先に記載の「レールに乗っている」ので、次に行く部署は決まっているものと思い込んでいました。

入庁2年目を終える頃、納税課長から異動を告げられました。レールに乗っているわけですから、異動先は決まっています。

「どこですか？　保護課ですか？」と聴きました。すると、納税課長は不思議そうな顔をして、

「なんでかな？」と聴き返しました。

「私は、課長とは違うレールに乗っていますので、気にしないでください。保護課ですか？」

と言うと、課長は、首を横に振りました。

「では、病院事務局ですかね？」と言ったところ、課長は、

「異動先は、議会事務局だよ」

納税課の皆さんは、耳をダンボにして聴いていました。

「木村が議会事務局に行くって?」

「これは初めてじゃないか。そんなレールがあったのか?」

「木村は大変なことになったぞ」という会話が飛び交いました。

ここで失敗したら先はありませんよ!

内示を受けた私は、議会事務局長のところへ行きました。

「木村俊昭です。よろしくお願いします」

「どうぞ、そこに座りなさい。よろしく頼みますね」

議会事務局長は46歳最年少部長職で、すでに頭髪が真っ白でした。そこで、私がずっと頭を見ていたところ、

「何か気になることはありますか?」

「すみません。最初に教えてほしいのですけれど。失礼かもしれませんが、事務局長は、いつから髪が白くなったのですか?」

「木村君。仕事の話の前にそれが聴きたいというのであれば、先にお話ししましょう」

「ありがとうございます」

「なぜ私の頭髪が白くなったかというと。私は、高校卒業後に、速記を勉強しました。そして、小樽市議会の速記担当で、議会採用となりました。大学を出ているわけでもありません。そこで、議事進行を担当する議事係に入り、ずっと委員会書記を担当してきました。そして、34歳で私は議事係長になりました。嬉しくて、嬉しくて、妻とお祝いの食事をしました。翌朝、鏡を見たら、髪が真っ白になっていたんです」

それを聞いた時点で「この職場はストレスの多いところ。行きたくないな」と実感しました。(笑)

「すみません。内示は決定でしょうか」

「決定ですね。市議会議長も、木村君が来ると言って楽しみにしています。副議長も了承しています」

議会事務局長は、こう言葉を続けました。

「ひとつだけ言っておきます。ここでしくじったら、次はないですよ。詳しく言わなくても分かりますね」

「議長や副議長の随行と日々のお世話、38人の議員のお世話と、予算決算、栄典業務、年金計算があります。そして、議会運営や他都市から来た議員の対応などです」

「私は、その全部を担当ですか?」

「全部ですね。全部をしっかり経験していただきます」

「ちょうど今、議長がいますから、挨拶してください」

ほんとうに大変なところ?

早速、私は議長室へ行きました。すると、議長は大きな声で、

「おう、木村君か。君はずいぶん元気で明るいようだけれど、ここでしくじったら、後はないからね。よろしく頼むよ。私に言われたことは、常に『はい』か『イエス』で答えるように(笑)」

議長とは「肯定」しかないのかもしれない。

「でも、君はまだ若いので、もうひとつだけ言葉をあげよう」

「ありがとうございます」

「『ありがとうございます』はないよ」

「はい!」

「それでは『分かりました』かな」(笑)

「分かりました！」

議長は行事に出かける準備を始めました。

「木村君、それでは行くぞ！」

「どこへ行くのですか」

「行事だよ」

私は、議長の書類と挨拶文を持ち、一緒に車に乗りました。車に乗ると、運転手さんが、小声でこう言いました。

「大変なところに来ましたね」

「頑張ります。よろしくお願いします」

「あまり頑張らないほうがいいかもしれませんね(笑)。ほどほどにして早めに出た方がいいと思いますよ(笑)」

目的地に着くと、車を降り、会場へ向かいました。そこで私は、会議室の外で待っているのではなく、会議室の後ろで、椅子に座りその会議を聴いていました。私は「これは実にいいなあ」と思いました。議長が入り何らかの会議をする時には、必ず会議室の中に入ってそこにいて全てを聴くことができるからです。以前、「○○会議に出させてください」と上司に頼んだときは、「君はその職にないから」とあっさり断られていたので、これはとても幸運でした。

秘書は市議会でも、議会運営委員会でも、必ず一緒にいます。そこで、突然議長がこう言いました。

「木村君。弾がないぞ、弾が」

私は、名刺かな？と考えました。

「常に私は20発（枚）持っていて、1発（枚）ずつ出していく。10発（枚）を切ったら、命とりになるので、君は何発（枚）出したのか見ていて、10発（枚）を切ったら補充するように」とのことでした。名刺にも白紙の紙が混じっていることもあり、これを不発と呼んでいました。このようなものが入っていたら、異動になってしまいます（笑）。すべて1枚ずつ調べて渡さなくてはなりません。本来、あたりまえのことですが。

異例の長さ、在職5年2か月半

議会事務局での仕事は、秘書業務と庶務全般でした。例えば、とても暑がりの方にクーラーのないホテルを予約してしまった場合、その場で怒られることはありませんが、色々と重なって異動になったという人もいました。

議長に随行して目的地まで車に乗って行く時には、そのルートの工事現場など、その内容を詳しく調べます。どこの企業が担当しているのか、日程はどうなっているのか、新しく建てられたマンションは何階建て、戸数や入居者がどこからの方なのかなど、聴かれたら全て答えられるように常に準備していました。

そのため、私は、土木部管理課長、都市デザイン課長、都市計画課長などに、まちの状況を常に聴きに行っていました。帰りには、わざと別の道を通ります。そうすると、また同じように議長から工事現場のことなどを聴かれました。

「木村君、よく調べているな、たいしたものだな」

「ありがとうございます。教えていただいている土木部管理課長、都市デザイン課長、都市計画課長に、ぜひ議長から1本お礼の電話を入れてくれると助かります」

「そうか、市議会に戻ったら電話しなさい。つながったら私が電話に出よう」

「ありがとうございます」

議長は、そう言って、喜んで電話に出てくれました。

私はここで「失敗して木村は使えないな」と覚えられたらアウトだなと真剣に考えていました。1年で異動になるか、2年で異動になるかと思って、日々過ごしていましたが、結局

5年2か月半、議会事務局にてお世話になりました。一度の人生において、誠に勉強になりました。

私には私のやり方あり！

毎日、朝6時に出勤をして新聞全紙に目を通し、議長に伝えたいと考えた記事の切り抜きをして、7時半には正副議長の机に置いて、8時に議長を迎えに行きました。車中では当日のスケジュールを伝え、主要案件等を説明してました。新聞は常に全紙を用意してましたが、議長は机の上の私の切り抜き記事を見てくれてました。

ということは、何がこのまちには重要なのか、どのような動きを議長にしっかり押さえてほしいのか、市内の最新情報は何なのか、私が重要と考えていることなどの記事を渡すことができるということです。

ただ周囲からはあまり余計なことはするな、と言わんばかりの助言もありました。というのは、次に異動してきた方が、私が実施している新聞の切り抜き、最新情報の収集や伝達などができるとは限らないからです。

ただ、私としては、何事も全力で対応することが大切と考えていました。

相手のニーズをすばやく察知し対応をしたり、まだ行ったことのない場所を全て調べてから行政視察の随行をするなど、秘書業務には適している方と適していない方がいるのです。準備万端に対応する方としない方では、秘書としては雲泥の差があります。私は、できる限り事前準備をしてから随行していました。これは教えられたからといってすぐにできるものではないのです。秘書業務は、機転がきくことはもちろん、使う体の筋肉が違うと感じていました。

議会事務局長の教え！

議会事務局長は、最年少で部長職になった方でしたから、特に優秀でした。ある日、私は聴かれました。

「木村君、随行している間って、ヒマ？」

「暇ではないですけれど」

「この本を渡しておくから、今日中にここに何が書いてあるのか、これを読んだことによってあなたは何を得たのかを、まとめて提出してください。原稿用紙1枚か2枚でいいですよ」

議長随行の間、私はずっとその本を持って歩いていました。そして、議会事務局へ戻った途端に聴かれました。

「できました？」

「いいえ」

「テキパキとやってくださいね」

いかにして少しの空き時間で本の要点を掴み、何を得ることができたのかをまとめるということ。これを異動時から命じられていました。ある日、事務局長から飲み会に誘われました。

「木村君。今日、ちょっと一緒に焼き鳥屋に行きましょう」

その日は、17時30分を過ぎると、随行がないのは分かっていました。

「木村君。あなたのよく言っている『全体最適』ですが、全体をみて物事を行う場合、例えばこの本を与えられたら、全体の仕事をみてどれくらいの時間で読むことができますか」

「おそらく、1日か2日はかかるのではないでしょうか」

「遅いですね。数時間、できれば少しずつの空き時間を有効に使い、1、2時間で読んでください。そして、書いてあることで小樽市にとって参考になるものは何なのか、それを感じ取ってください。また、世界観を持ってください。あなたに渡している本は適当に渡しているのではないのですよ。もう少しスピーディにやってください」

日本酒を数杯飲みながら言われたのは、このような話でした。そして、

「トロトロしてないでやってくださいね。次に別の仕事が、すぐ来ますよ」と言われたのです。その数か月後、副議長が現職でご逝去されました。直ちに死亡叙勲申請を行わなければなりません。死亡叙勲を申請する際には、たとえよく知らない方であっても、その方に関する聴き取りを行い、速やかに申請を行わなければなりません。その時、私は文書の書き方や読解の訓練を受けていて本当に助かったなと実感しました。

なお、この叙勲申請事務の作業後、議会事務局長から今度は、「このくらいの厚さ（1㎝程度）でいいのですが、すぐ追悼集を書いてください」と指示されました。私は速やかに副議長に関する聴き取りを行い、追悼集（案）を作成していました。2日経った頃、事務局長から言われたのです。「木村君。まだできないのですか。ずいぶん時間がかかっていますね。いいですか。得た情報は、頭の中で『体系化』するんですよ」

この経験は、のちに国の内閣官房へ異動した時に役立ちました。「ちょっとこれ、30分以内に仕上げて！」という具合に、国の仕事は地方自治体の仕事以上にスピードが求められました。

議会事務局長が言うように、頭の中で体系化することができれば、多くの人に説明する場面でも、反応を見ながら組み立てて、話すことができます。関心がなさそうな雰囲気の時には説明内容を変えるなど、その場で順次対応することができるのです。パワーポイントや配布資料をもとに、事前に組み立てた目次や内容のとおりで説明していたのでは、臨機応変に対応することができません。

気づけば違うレールに

私が小樽市役所へ入庁した当時、「これは、何課でやっている」という全体の仕事担当のガイドがありませんでした。何をやっているのかは、それぞれの部課へ行って、聴くしかなかったのです。

私は、これはおかしいなと考えていました。民間であれば、自分の働いている企業が何をしているのかが分からないという状況です。私は、市役所に入って間もない頃、朝6時に正面玄関に行き、何課が何階のどこにあるのかを全てメモしていました。そこをいつも白髪頭の男性が通っていました。その時にはまったく気づかなかったのですが、これが議会事務局長でした。そして、話しかけられていました。

「何をしているの？」

「市役所ガイドがないので、ガイドを作ろうと思うんです」

「それは大切ですね。私も欲しいなと思っていましたよ」

「そもそも、なぜ作ろうと思ったんですか？」

「自分が市民の皆さんに尋ねられた時に、『自分の部課ではないので分からないです』というのではあまりにも失礼なので、少なくとも『そのことに関しては、この課で担当しています』くらいは言えるようになるように、市役所のガイドを作りたいです。ガイドができたら、これを市役所内で回覧したいです。そして市民の皆さんに配布したいです」

「おもしろいですね。頑張ってください」

のちに思えばこのような会話をしていました。実は、このとき、私は自分では全く知らないレールに乗ることになっていたのです。ガイドを作ろうとしている私を見て、議会事務局長は「議会事務局でこの職員の能力をもっと高めてみよう」と考えたようです。しかし、入って1年目では自分の部署に引っ張ることはできない。2年経ったところで議会事務局に異動させ、鍛えようと考えたのです。そのため、かなり厳しかった訳です。

議会事務局長は、議会以外の時には、常に耳にイヤホンを付けていました。

「何を聴いているのですか」

そう尋ねたところ、議会事務局長は、実に仕事が早いので、仕事を終えると海外の最新情報を得るため英語を聴いたり、かつ文書のまとめ方など、常に能力を研いていたのです。日々、一バレル何ドルか。それはどのように世界経済や日本経済に影響するかなど私は聴かれていました。

委員長報告を作成する際にも、議会事務局長は、

「能力のない人は時間も費用もかかるので、あなたには能力を高めてもらわないと困るんです」と言っていました。議長の挨拶文を書く、議会説明資料を作る、弔文を書く、弔電を打つ、予算決算事務などを行う。すべてスピード感を持って行うようにという厳しい指導でした。

市議会事務局に異動してすぐに小樽市にて北海道市議会議長会総会がありました。32の自治体の議長、副議長、事務局長、そして運転手さんが集まる会議です。これも1人で担当し、準備するように言われました。各市議会との連絡調整、会場の用意、視察バスの手配や宿泊場所の確保など、参加者全員に対して行わなければなりません。欠席や葬儀が入ったので代理出席になる連絡など、毎日のように入ってきました。すると、議会事務局長は、

「楽をしようと考えないでくださいよ。全て総合的に自分でテキパキとやることを学んでください」と。そして、私は全体の日程表を作成し、誰が、いつ、どの役割をしてもらうかをA3の一覧表にして、スケジュールを固めていきました。すると、議会事務局長は、

「ようやくわかりましたか。頭の中で体系化するだけでなく、それを一覧表にして、関係する皆さんが分かるように見える化してください」とのことでした。

全体が見える「企画部」へ異動

こうして通常より長めの5年2か月半に亘る私の議会事務局勤務が終わろうとしていました。議長から、

「次は、どの部署に異動したいのかな？」と聴かれましたので、私は、

「市の行政全般を見ることができるところであればありがたいです。できれば現場もある部署がいいです」と答えました。

「それであれば、企画部かな」

当時、企画部は、総合計画、市長公約、広域行政、企画会議や各期成会などの業務を行っていました。職員構成は、部長1人、次長1人、課長3人、係長3人、係員3人という部署でした。その後、係員2人異動してしまい、私1人になりました。

「木村君なら大丈夫だよ」

企画部といえども、通常は管理職でないと市長の予算査定等に出席することはできなかったのですが、逆ピラミッドの構成で係員が1人になりましたので、私は、課長職と一緒に市長の予算査定ヒアリング等の重要な会議に出席することができました。すると、小樽市政の全体がよく見えました。

「トンネル工事はいつまでにやるのか」
「あの小学校はいつ改修しないとならないのか」
「暗渠の調査をしたらこういう結果だった」

等々、市が抱えている問題点や課題のすべてを聴くことができました。そして、優先順位を決めて予算を査定し、市議会に計上していきました。

当時は市の予算額が約１２００億円のうち、政策予算は約40億円位でした。これを何に活かすのか、最も市民のためになるものは何かということをじっくり話し合い、第1回定例市議会での市長提案説明を作成していきました。小樽市は北海道後志（しりべし）地域にあります。20市町村で構成されていますが、私は高規格幹線道路整備等の期成会や広域行政も担当してましたので、毎月、順番に19町村を回っていました。この時、他町村の企画担当と直接情報交換する機会を得るなど、とても貴重な体験ができました。今でも当時の皆さんと交流が続いています。

この企画部は2年間経験しました。

秘書課へ異動

次は秘書課へ異動となりました。企画部長から部長室に呼ばれ、

「木村君、秘書課に異動らしいぞ」

「また秘書業務ですか」

企画部長は総務部長に、木村をもう1年企画部で仕事をしてもらいたいと交渉してくれたのですが、結局は、私の秘書課生活が始まりました。実は、内示が出て秘書課へ挨拶に行った際、市長に会いました。その際、私は市長にこのように話しました。

「秘書はすでに経験させていただいているので、私は、秘書課ではなく経済部などの現場に行きたいと考えていました」

「木村君。市長秘書は、議長秘書とは違う。議長の行事は1日10本位だが、市長は1日30本位ある。市長部局のあらゆる業務と具体的に関わっているから、そこも違う」と言われ、納得、理解し秘書業務をすることになりました。

夜の懇親会に参加する場合も、市長には、1晩に17時、18時、19時と3本の予定が入ります。そこで、ストーリー（物語）を描くのです。

「17時に行ったところでは、あまり食べないで酒を控えて少し会話をする程度にしておいて

ください。『市長、そろそろ時間です』と私が言いますから『まだいい、ここは大切なところだから』と言ってください。同じことを私は再度伝えに行きます。それが3回目になった時、皆さんが立ち上がって、『どうぞ市長、行ってください』と言っていただけます」と伝えました。

市長が一度目で、すぐに「そうか、時間か」とその場をあとにしてしまったら、そういうものかと、皆さんは思うことでしょう。

「2軒目の懇親会場では、まずは食事をしてください。何も口にしないと体によくないのでお願いします。飲み物は、ウイスキーの水割りにしてください。ビールでは、どんどん注がれてしまいます。私から『いま1軒行ってきたところなので、水割りでお願いします』と伝えておきます。そして、『市長、そろそろお時間です』と私が行きましたら、『まだいいよ』と言ってください。そして、3か所目では、赤ワインなど、ゆっくりと好きものを召し上がってください」

こういうことが、秘書業務でした。市長とは、どこへ行く時も、海外へ行くのも一緒でした。そこで、尋ねました。

「市長と2人きりになった時には、『これは違うのではないでしょうか』と思うことを率直に話してもよろしいでしょうか」

「もちろん、いいよ」とのことでしたので、そのように話をしたところ、

「君は、違う、違うと割とうるさいなぁ（笑）」と言われたこともありました。人生は「ほどほどに」ということなのかもしれません。

秘書課で3年を終えようとする頃に、北海道庁へ行く機会がありました。高校の先輩が北海道知事でした。小樽市長も以前、副知事をしていましたが、知事を立てていました。副知事経験者が集まる会というのが行われており、市長もそこに入っていましたので、市長が北海道庁へ行く際には、副知事以下の方にはアポを入れることはありませんでした。

市長が、当時の副知事に、副知事室にて

「あの事案は、どうなっているの？」と口にした時には、実に緊張感が漂ったものです。

念願の経済部商工課へ異動。でも下剋上！

ある時、北海道知事と知事秘書とエレベーターで一緒になりました。知事からこう言われて驚きました。

「木村君。今度異動したっていうじゃないか」

「まだ、聴いていないですけれども」

「経済部商工課だっていうじゃないか」

「知事から私が内示されましたね（笑）」

「市長、そうなのですか？」

市長に聴くと、

「僕ね、部長以上の人事しか分からないんだよね（笑）」とのこと。

市役所へ戻ると、秘書課長から、

「木村君。本日午前中に内示が出たよ。経済部商工課の係長に昇格。おめでとう」

と言われました。ようやく念願の経済部に異動することになりました。

念願の経済部へ異動

そこでは、係員が3人いました。全員年下だったのですが、部下の1人が私に、

「私は、木村さんのことを係長として認めていませんから」とのことでした。

そして、私を通さずに、課長、次長、部長と仕事をしてるのです。前の係長は6年間いたので、どんな仕事の仕方を指導していたのかと聴きに行ったところ、

「何もしていないよ。やりたいようにやらせてたよ。それと僕のことを係長と呼ばずに○○さんでいいよとしてたよ。その方が親しみが出るしね」と平気で言ったので実に驚きました。

そういう性格だからということで部下の指導をしていなかったのです。

仕事はチームワーク

チームで仕事をするために、上司はどのような役割と担うのか。それは、問題点、課題を整理し重要性、緊急性の高いものから実施するべき順番を決めていかなければならない役割です。行政の仕事は、1人がパフォーマンスを行うところではないのです。チームで仕事ができないのであれば、自分で企業を立ち上げればいいのです。

「私は、こんなに頑張っていてすごいでしょ」というのでは、1人企業そのものです。

「皆んなで一体となって、目的・目標・使命を明確にし、業績を上げていかなければならない。人間関係づくり、チームワークが大切ですよね」と前の係長に話すと、「彼は優秀なのだよ」という答えが返ってきました。私には全く理解できませんでした。

あるとき部長が来て、私に言いました。

「君のところの係員なのだけれども、僕のところに来て仕事の相談や報告をしているが、君は把握しているのか」

「把握していません」

「そんなんでは、君は課長になることができないぞ。降格することになるぞ」

「部長、お言葉ですけれど、私が来る前に、彼は部長の部下として2年いたのですけれど、どんな教育をしていたのですか」

そう言ったところ、

「あっ、原因は俺にもあるのか！（笑）」ということになりました。そこで、部長室へ次長と課長にも来てもらい、「あの係員はどうしますか」と相談し、私はこう提案をしました。

「私を1年で異動させてください。彼を異動させたら、本当にこの組織で活かせなくなります。この1年間はできる限り、皆さんで『そういうことは、係長に相談するように』と言ってください」

結果、彼は1年後に商工課から異動していきました。

「自分のことをなぜ理解してくれないのか」と思い込んでは、チームワークで仕事することができません。

行政職員としての最低限の「人間関係づくり」のあり方を教える人がいなかったのです。その意味では本人だけの責任ではなく、これまで関わっていた上司、同僚の責任も小さくないと言えます。

仕事を覚えることは大切ですが、それ以前のこと、すなわち「人間関係づくり」や「コミュニケーション」など、社会で生きていくための基本ができていなければ、チームワークは築けないものです。

「スーパー公務員」とは「私が、私が」の人ではないのです。たとえどんなにすごい実績を上げたとしても、それは市役所という看板があればこそであり、上司が暖かく見守ってくれたからであり、同僚が助けてくれたからであり、何よりもそれに理解ある市民がいてくれたからこそ達成できたことなのです。

行政と市民の関係とで言えば、大事なことは、市民、地域の皆さんが主役となってもらえるかどうか、行政職員が黒子役として、ストーリー（物語）を描くことができるか、協働して実践できるかなのです。

市長の怒りの真意に涙

商工課に異動する前に、小樽市内の寿司屋やスナックの経営者も含めてその全体を把握していましたので小規模の「寿司ツアー」や「スナックツアー」を実施していました。また、全国異業種交流会の大会等を小樽で開催することもあり寿司屋マップ、ラーメン店、うどん店、そば屋マップそしてスナックマップを作成し配布する準備をしていたのです。ところが、あるとき市長に怒られました。

「飲んで歌って安心・安全３０００円ポッキリママさんマップ」を作った時でした。ここには公募して聴き取りした30軒の店が入っていました。3000円で飲んで歌うことができて、小樽のことをよく理解している観光大使のように、まちの情報に詳しい店主さんがいるお店情報を掲載したものでした。ところがある日、市長室に呼ばれました。

「俺の行っている店が1軒も入っていないぞ」

市長が、その店に電話を入れたところ、

「うちの店は5000円じゃなきゃダメですよ」とのこと。

しかも、これは私が恣意的に選んだ店ではなく、公募した結果でした。市長室に呼ばれた時、私はこう理解しました。

「(市長が言いたかったことは)やりすぎると反対派が出てくるぞ」ということではなかったか。私が小樽市のためによかれと思ってやっていても、庁内にはよく思わない人がいるかもしれない。市長は私に、

「いいか、できるだけ敵を作るな」と言いたいがために、呼び出して、あのような怒り方をしたのではないか。秘書課の職員には聴こえていました。私は、「やはりすごいな、この方は」と感じ、感謝の涙でした。

「これからも皆さんの支えがないと、本当に厳しい状況です」と秘書課を後にしました。

関われると実感すれば人は動く

地域創生には、できるだけ多くの皆さんが関わっていくことが大切です。「どうせ私は関わることができないのだから」と思うのではなく、「こういう形で関わることができる」という「知り・気づき」を自ら持ってもらうことができれば、人は自ら動いてくれます。

職人さんも同様でした。

商工課職員時、職人さんに「5か年計画を実践します」と宣言しました。すると、「その5か年計画は認知されているのか」と尋ねられたので、「まだ私の案の段階です」と答えたところ、帰った方もいましたが、ほとんどの方が残ってくれました。その皆さんで「おたる職人展」を開催しました。最初は7人しか手伝ってくれませんでしたが、2年目になると、こちらはチラシを作るだけで、あとは職人さんたちが自主的に「自らやる」と実行委員会を立ち上げ開催の運びとなりました。

初回は私達がトラックを運転し、職人さんのところを回りました。そして膝を突き合わせて、「職人展をしますので、ぜひ展示品を出してください。ぜひ製作体験をやってください」と頼みましたが、2年目には、職人さんたちが自ら知り気づき、実践行動してくれました。そうして自分たちの能力を高めるため、NPO法人を立ち上げる必要性があるということになりました。

補助金等に頼って事業をするのではなく、製作体験工房を実施し、その売上げで組織を運営することにしました。せっかくの工房ですから、明日の人財である子どもたちに参加してもらおうと、小中学校の校長会へ行き企画内容を発表し協力を依頼しました。

「1人1500円で職人さんの指導のもと、様々なモノづくり体験ができます。ついては、まず小学校28校、中学校17校、高校8校の地元の子どもたちに体験していただきたいと考えています。これは、他のまちとは違い、染め物、紋章、しめ縄、マグカップ、ペンダント製作などが体験できます。皆さんが同じものを作るのではなくて、『私はこの中からこれを作りたい』と選んでいただきます」

当時、携帯電話がなく、ポケットベルの時代でした。メールのみを送れる機器を用意し、簡単な用事ならそれで十分でした。この機器を職人さんたちに配り、その使い方の研修も行いました。

「これは、道具だと思ってください。商売にとってもとても大変有効なものです。そこに、『何人で誰々の体験を希望』という申し込みが入りますので、それを集約し、いつどこに集まってもらうのかについてもメールで連絡します。これであれば、『電話をしたけれど出ない』というようなことは起こりません。すべてこれで対応します」と説明をしました。

ここに来るメールを見ていれば商売になり、所得が上がるということに知り気づくわけです。それであっという間に、職人さんのグループが180人に増えていきました。

この職人のＮＰＯ法人のグループは4000万円位で展開するようになり、その後、歴史的建造物の管理委託を受けるようにもなりました。大工をしている方もいますから、改修や修復もできます。職人グループとして活動していくなか、次に大事なのは、製作体験工房時に、いかに分かりやすく伝えるかということでした。そこで、業を研くこと、教えることなど、定期的に勉強会を行い、また他都市へ視察に行くなどして、職人さんのモチベーションが高まっていきました。

「現場」は情報の宝庫

商工課係長を6年間務めた後、産業振興課長を3年間の計9年間、経済部に勤務しました。その間、主要企業約3000社を何度となく回りました。

私が係長時のあるとき商工課長からこんなことを言われました。

「あのね、木村君。午前中に外出して、昼食に戻ってきて、また午後になって外出し17時に帰ってくる。これを繰り返しているようだけれど、いつ見ても自席にいないね」

そこで私はこう言いました。

「課長は、いつ見ても席にいますよね（笑）。企業を回らなければ、どこから原料を仕入れて、どのように加工をして、どのルートでどこへ運び、どこで販売し、どれだけの営業成績を上げているのかまったくわかりません。民間の調査機関はありますが、民間企業には自社の情報の全ては教えません。こちらは企業情報のほぼ全てを押さえています。なぜこの企業が儲かっているのか、なぜ儲かっていないのか。今、どんな研究開発をしようとしているのか。どういう顧客ニーズを押さえて、今後どういう展開をしようとしているのか。来年採用する人はいるのか、いないのかなどを調査するには、現場へ行かなければならないのです。アンケートを送り回答して欲しいと言うのでは、社長自らが自社情報を書きますでしょうか。それは社員が書くのではないですか。直接社長に聴かなかったら、企業方針は分かりませんし、直接工場長に聴かなければ、工場の仕組みは分かりません。よって自ら企業現場へ行くのです」

実学・現場重視！

そして、課長にいくつかの企業の最新情報を紹介しました。

「この企業へ行ってみてください」

課長には、5社の企業に足を運んでもらい、戻ってくると、

「すごいぞ、木村君」とのこと。

北海道は冬に水が凍るので、水道は水抜きをして、ガチャンと水を落とす仕組みになっています。そうしないと、水道の途中で水が凍って破裂してしまうのです。その弁を作っている企業が、その技術を活かして新たな開発をしていました。そんなことは民間の調査会社には言いません。

また、他のまちでは、タコの養殖に成功している企業がありました。「ぜひ見たいです」と言ったところ、企業秘密ですからと言われましたが、現場を見せてくれました。

また、A社の工場が火事になり、機械の修理を要するため生産加工ができなくなるということが起きました。私が火事見舞いに行ったところ、社長がこんな悩みを打ち明けてくれました。

「この機械は東京から入れていて、これを直すのにおよそ6か月かかると言われました。150人の従業員がいるのですが、どうすればいいのか」

そこで私が、

小樽運河

「私は市内の企業を回っているのですが、すぐそばに、これを修理できるところがありますよ」と、A社の社長に伝えました。早速、そのB社に連絡をし、社長に現場を見てもらいました。するとB社の社長が厳しい顔でこう言ったのです。

「申し訳ないのですが、うちだと修理に3か月はかかりますね」と。ここで修理期間が半分に短縮されたのです。

「もう少しなんとかなりませんか？」

「どんなに頑張っても2か月ですね」

これで、工場の停止期間が3分の1になりました。

地元にできる企業があるのに、地元以外に発注しようとしていたのです。近くに技術力のある企業が存在することを知らないのです。常に行政職員は、地場産業の最新情報を現場から入手すること、実学・現場重視の視点が重要といえます。

最初は変人、評判を恐れてはいけない！

例えば、商品の試作品を作りたいと考えている時に、

「あそこの企業の社長と話をしてみてください」と機械を持っている企業につなげることができれば、設備投資をしなくても試作品を作ることができます。企業には機械が、使われずに空いているものもあるのです。

それに対して、現場情報がない場合は、その話にこう答えるかもしれません。

「こういう支援制度や融資制度があります」と。しかし、売れるかどうかわからない試作品の段階で、支援や融資を受けて設備投資したら負担となることでしょう。それでは地域内に挑戦してみようというモチベーションが高まりません。

どんな機械を持っているのかなどの企業情報があったら、そこに連絡をして引き合わせができます。試作品ができたら、次に市場調査です。売れるとなれば、そこで融資制度です。私は企業の社長や起業を目指す方などと一緒に銀行や信用金庫に行きました。経営計画や事業計画等の作成に協力をしたり、「利率1・5で3000万円貸してください」などと、交渉もしていました。現在、私は、地方銀行や信用金庫の役員等の研修講師をしています。当時は「この行政職員は、変わった人だな」と思われていたに違いないのですが、その後の社会の経済事情をみるに、

「実は変ではなくて、必要な行動だった」と言われるようになりました。金融機関の皆さんには本当に何かとお世話になっており、感謝しております。

第4章 地方公務員から国家公務員、そして大学へ

○実学・現場重視の姿勢が評価されたのか？ 内閣官房、そして農林水産省へ異動。
○黒子役に徹するスーパー公務員として「プロフェッショナルの流儀」に出演。
○広報は平易で分かりやすさを徹底して発信。
○北海道開拓に尽力した榎本武揚公創設の東京農業大学への転身は私の郷土愛。

現場を知ることが最高の希少性

小樽市の産業振興課長になり、さらにプロジェクト担当主幹になったとき、経済産業省などから出向して来ないかとの打診がありました。出向ですと経費は地元負担ですから、それは難かしいと考えていました。そうしているうちに、内閣官房から、

「地域再生に携わる、現場に優れた人財を10人位紹介してほしい」という依頼がありました。

私は、早速、黒子役として成果を挙げている自治体職員10人を紹介しました。その後、も

う10人の紹介をお願いします、とのことでしたので、また別の方を紹介しました。すると、その後にその担当者から、

「木村さん。あなたが内閣官房へ来ませんか。もちろん経費はこちらが負担します」と言われ、誘われたのです。

全く迷いがなかったと言えば嘘になりますが、高校時代から思い続けてきた地域創生に国レベルで企画立案、実践できるのであれば、ということで、私は、小樽市から、内閣官房へ異動し、地域再生策の策定・推進などに携わることになりました。

医師であれば、国の機関から、県の機関へ異動したり、その逆の例もあります。しかし、それ以外の公務員では、国家公務員から地方公務員になる人はいますが、通常〝天上がり〟はありません。なぜそうなったかというと、私が徹底して現場を誰よりも押さえていたからではなかったかと思いました。

小樽市職員時にも、各省庁の局長、審議官、課長や課長補佐などに、現場重視による地場産業の動向や観光振興等の資料を用意し説明に伺ったりしてました。また、省庁の局長室などへ地域の現況を聴きたいと呼ばれることも結構ありました。今でも大切な人脈ネットワークが構築されていますが、それができたのも、日々現場の生の最新情報を押さえていたからでした。

クレームの嵐がゼロに？

内閣官房時に、とても驚いたことがありました。首相官邸ホームページは、内閣官房が管理しているのですが、当時、そこに掲載する地域活性化に関する記事は内閣官房の私が所属する部署で書いていました。

「ちょっと困ったことがあるんだ」と審議官から相談されたので、「どうしたんですか」と聴くと、首相官邸ホームページに活性化記事を書いている担当者にクレームの嵐で倒れそうになっていると言うのです。ついては、私が代わりに担当してもらえないかということでした。

「どうして私なのですか？」

「地域の現場をよく知っているし、打たれ強そうだから、君なら乗り切れそうだ（笑）」

「そうですか。分かりました。喜んでやらせていただきます」ということで、このことも担当することになりました。いざ文書を作成し、

「これで、どうでしょうか」と、審議官等へ持っていくと、

「木村さん。私に見てほしいということは内容に自信がないのですか」

「いいえ、実学・現場重視の視点でわかりやすく記述していますので、自信はあります」

「では、誤字・脱字があるのですか。それをチェックして欲しいということですか」

「いいえ、誤字・脱字はありません」

「じゃあ、そのまま載せてください」

私は、地域現場の最新情報を書き、どんどん載せることにしました。このことに関するホームページを３年間担当しましたが、このページのクレームは０件でした。

多くの皆さんに理解してもらうとしたら、中学生に理解できる分かりやすいシンプルな内容にしなければなりません。カタカナ言葉や英語を多用すれば、いかに中身が良くてもそれだけでクレームがきそうです。それでは読んでくれません。読まれないということは、理解されず、大切なことが何も伝わりません。読んだ人は「一体何が書いてあるんだ」となってしまいます。

どんなに高尚で、いい文書だとしても、それは学術発表や大学・大学院の講義等のためのものではないのです。行政のみに通用する言葉では、かえって逆効果となります。そうなると、「てにをは」にまでクレームが入ってくるようになるのです。対象となる相手のことをよく考えて、いかに分かりやすく伝えるかということは、とても大事だということなのです。

地域創生学会の設立

地域活性学会を発足させたいと考えた時のことです。

平成18（2006）年に、北陸先端科学技術大学院大学で全国初の「地域活性化システム論」を開講し、その後の他大学での展開を私が任されたのです。1校だけで講義をするのではなく、もっと増やして、「知の拠点」の形成が重要だということです。そこで、10校、20校、30校と増やし、重点事業として骨太政策にも載せることができました。大学を拠点として地域の皆さんが発案できる環境づくりをすることであり、そのために、特区制度や、地域再生制度等を活用いただくものでした。

この政策が1年目から2年目になり、今後の展開を考え、学術的に発表する、いわゆる実学として発表する場があり、それを手本にして実践する場合には産官学連携していくことが重要と考えました。さらにそれを実践するための財団も必要ではないかということで、「地域活性学会」を立ち上げ、そして民間主導により「一般財団法人地域活性機構」が設立されたのです。私は、地域活性学会で理事や常任理事をしながら、その運営を行うということもしていました。そこで大切なのは、何にも増して地域に必要な「人財」を養成することです。発案した政策を遂行するためには、

「だれかやってくれる方はいませんか」ということではなく、「自分たちで事業構想し実践するなかで人財を養成しましょう」ということです。私は、設立時に、黒子役でした。大学で開講の「地域活性化システム論」には、農林水産省の課長職が講師として協力してくれていました。

「これは、木村さんが企画し、一番動いていたのに、あなたの名前が一切出ていませんが、なぜですか。自分がやっていることは、自分がやっていると主張した方がいいと思いますよ」

私は、行政の仕事は何事も常に黒子役として企画実践していました。たとえば当時、法政大学総長兼理事長から学事顧問に就任の先生に、地域活性学会の初代の会長に就任してもらいたいと考えて、スタッフがお願いに行ったところ、断われて帰ってきました。

「学事顧問は、これからは役職を受けずに、ひとつずつ減らしていきたいとおっしゃっているので、お受けいただけませんでした。他の方を考えましょう」

「それであれば、私が頼みに行きます」

行っても無理だと言われましたが、アポ入れして学事顧問のところへ行きました。

答えは同じでした。

「この間も来ていただいたのですが、その時に話したとおりです。私は、今後、すべて役職を辞めて後進に道を譲ることにしたいと考えていますので、新しく地域活性学会を立ち上げ

ても、私がその初代会長になることは一切ありません」と言われたのです。そこで、私からは、

「私に手伝わせていただけませんか」と言いました。

「何をですか?」

「先生が辞められようと思っている学会へ行き、私が先生の代理として手続きをしてきます。全部断ってきたら地域活性学会の会長を引き受けてくださいますか」と。実は、先生は引き受けている役職を一つずつ辞めて行きたいのですが、責任感がとても強い方ですから断りにくいということでした。その役割を私が引き受けようということなのです。すると、先生が、しばらく考えた後に、

「おもしろいですね。では、断ってきてくれたら受けましょう」と言われたのです。秘書でもない私がいきなり行っても不思議に思われますので、私が行く旨を先生から先方へ電話をして伝えてもらいました。

その結果、先生には地域活性学会の初代会長職を快く受けていただくことになったのです。

黒子役に徹するのが行政職員の本質

何が問題かを発見した時、それをどのように解決するのか「仮説」を立て、実行していき

ます。相手の問題点を解決するという提案をしないで、「とにかく受けてください」では、話になりません。地域活性学会に関しても、

「まるで自分がやっているかのように話をしている方がいるけれど、これは、木村さんが企画立案したことではないのか」と言ってくれる人もいました。

「私は22年間、地方公務員として勤めた時も、一度もテレビや新聞や雑誌に出ないでやってきました。国の機関へ異動時でも、いかにしっかりと皆さんの力になることができるのかを考え実践していました。私の目的・目標・使命は、自分が有名になることではなく、黒子役として組織やチームを確実に運営することなのです。そのために、関わる皆さんを主役に押し上げないと、『なんだ、どうせ木村が偉そうにやっているんじゃないか』と言われてしまいます」

「いいですね、美徳ですね。木村さん、内閣官房にあと何年いるのですか」

「わかりません、１年か、２年でしょうか」

「その後、農林水産省で一緒に仕事ができるといいですね」と言っていただいたので、

「ぜひ行ってみたいです」とお答えしました。その後、本当に農林水産省へ異動することになりました。

「プロフェッショナル　仕事の流儀」出演のワケ

内閣官房の3年目で地域活性学会等の設立を終えていた頃に、NHKから連絡があり、ディレクターと逢いました。「プロフェッショナル 仕事の流儀」という番組に出演しませんかという話でした。私から、

「それはできません。黒子役の公務員が出演することはとても厳しいです」と返事をしたところ、今度はデスクから連絡があり、逢うことになりました。

「なぜ、この企画をすることになったのですか」

「公務員バッシングが厳しいので、目立たないけれども地域の人を光り輝かせている黒子役の公務員がいるということを知っていただく必要があると思います。公務員の仕事に関するイメージを変えるためにも、出演を考えてもらえませんか」と、言われました。自分ひとりでは判断できないなと考えていました。その後、当時の内閣官房の事務局長に呼ばれました。

「木村さん、『プロフェッショナル』に出演しないかと言ってきているでしょう。僕のところにも言ってきているので、ぜひ出たらどうですか」

「私は黒子役ですので、公務員の仕事を知っていただくことは大切ですが、悩んでいたところでした」

「でもね、僕もちょっと出たいんだよね（笑）。だから断らないでよ。先方は、木村さんがいかに黒子役で皆んなを盛り上げようとしているかを映し出したいと言っているので、とてもいいのではありませんか」と言われ、よく考えた結果、出演させていただくことにしました。

密着取材は毎日ではないものの、4か月半に及びました。私は、全国を飛び回っていましたので、取材には一番旅費がかかったと聴きました。飛行機に乗る時にも、電車に乗る時にも、朝起きて職場に出勤する時も、カメラが回っていました。ちょうど内閣官房の3年目の終わり頃で、農林水産省に異動してからも撮影が続いていました。NHKの担当の皆さんには大変お世話になりました。私のことばの一つ一つをテープ起こしをして、つないでストーリー化する膨大な作業により番組が創作されていることを知りとても感動しました。

本を書くとコースから外れる？

番組出演の反応はすぐにありました。出版社から本の執筆依頼です。上司からは、「木村さん、本を出したいと言ってましたね。省庁職員が本を出すには、手続きが必要なので、先に見せてくださいね」

それで出版したのが単書『「できない」を「できる！」に変える』（実務教育出版）でした。

ありがたいことに農林水産省の地下の書店に平積みになりました。国家公務員が本を出版するなどの目立つことをするとコースから外れると言われているそうです。もちろん例外の方はいますが。農林水産省では、私が全国の現場に行く時には、省内で希望者を募り同行させることになっていました。私の日程表は、全職員に公開し、希望者を秘書課がまとめて順番に同行いただいていました。なかには、財務省からの出向者が私の現場へ同行したこともありました。沖縄県北谷町や読谷村、福岡県などに行く時にも一緒でした。このことは、行政職員は必然で真のパートナーやブレーンを見つけ、ひとネットワークを構築していかなければ未来構想とその実現には至らないということを実感する時でもありました。

信州ITバレー構想―長野県の挑戦―

例えば、長野県には、創業100年以上の企業が約1000社弱あります。かつては企業の対海外輸出出荷額は約1兆円でしたが、現在は約7600億円（平成29（2017）年）になっています。つまり、約2400億円程が落ちているということになります。

ここで、地場産業をクラスター（集合体）化することが重要となります。バラバラで動くのではなく、同じ業種などは一体で取り組んでいくということが重要になってくるのです。

また、未来に向けて、地場産業をより強化するための「信州ＩＴバレー構想」の実現を目指しています。これは若者をはじめ多様なＩＴ人材の育成や誘致、共創による革新的なＩＴビジネスの創出や誘発、ＩＴ産業クラスターを目指したプロモーションを展開するものです。そこで東京農業大学の木村研究室へ長野県立大学の理事長が訪ねてこられました。約2時間ほど対話をし、キックオフイベントの基調講演を引き受けさせていただくことになりました。

この事業構想を私が担当するとしたら、このように展開することでしょう。事業担当の職員、たとえば県庁職員、商工会議所・商工会の職員、経済団体の職員を5年から10年異動させないこと。さらに、広聴広報担当の職員も異動させないこと。

なぜかといいますと、この流れの中で、一緒に「ひと」「こと」「もの」を整理して一覧表を作っていく際に、担当者が途中で異動してしまうと、また最初から現場を回ってもらったり、どの時に、どこのテレビ局、どこの新聞に「ひと」「こと」「もの」を発信するのかを、何度も説明しなければならなくなってしまいます。取材は応じるものではありません。いつ、その「ひと」「こと」「もの」を取材してもらうのが最適なのか。取材したいと言っているから受けるのではなく、自分たちが「この時には、この内容を出してほしい」と言うことができるような企画をし、ストーリー（物語）を描かなければならないのです。その時に一緒に現場を歩いている方が2年や3年で異動してしまいますと、この現場重視の事業構想を実践することができません。よって、重要施策として打ち出すときは、その担当者を他の人事ローテーションと一緒にして考えるべきではないのです。

成否は横串の入れ方次第

それと同時に、例えば「これは経済部の案件だろう」、うちの部署は関係ないというのでは困りものです。教育も福祉も環境もすべての部署がしっかりと、この構想を実現するため、教育のあり方、環境のあり方、福祉のあり方というように、部分・個別ではなく、いかに繋ぐのかを考えることが必要です。

「長野県の重点政策はこれだ！」ということを、縦割りではなく〝横串〟を入れることなのです。

「この取組みを県内一体で行うと打ち出してください」ということを、長野県のキックオフイベントの基調講演で講話しました。知事は私の講話を聴いていましたが、講演後に私のところへ来て、

「この件に関して、できればすぐに話し合いたいです。どうぞよろしくお願いします」とのことでした。言うまでもなく、ここで「横串を入れる人」「部署を繋ぐ人」は知事はじめ担

当責任者なのです。組織の長が中心となって、毎日のように、ことあるごとにこの政策のことを繰り返し口にすることが大事なのです。そうすることで、組織全体に、ひいては県内全体にその政策の重要性が浸透していくのです。

さらに大事なことは、当該政策に直接的、間接的に関わっている部長や課長が、「しっかりと繋ごうという意識を持ってください」ということを常に言い、それを受けて、各現場の担当者も、

「こういう形で繋ぐことはできませんか」と、具体的に案を出し、ともに実践すべきなのです。「知事が言っているから」とか、「部長が言っているから」という意識を職員が持ってしまったら全てが指示待ちになります。大事なことは常日頃から口に出して、「知り気づきカード」、各現場にてホワイトボードやメモ用紙等に書き、意識づけをすることなのです。

当事者意識の醸成

行政で一番大切なのは、

「住み暮らす皆さんに、分かりやすく政策内容の説明をする」ということです。最近は、何かと、

「ホームページを見てください。そこに書いていています」というのですが、第一、ホームペー

ジのどこに書いているのか、探すのがひと苦労、実に大変です。私の小樽市役所入庁時に、「市役所ガイド」がなかったというのは、まさにこのことなのです。情報公開というと、ホームページの中に入れて終了としていることが多いのですが、重要な政策を広く知っていただくためには各媒体の限界も熟知しておかなければなりません。

そして、その内容は中学生が読んで分かるものでなければなりません。このことは民にも官にも言える重要なことです。多くの皆さんに理解されなければ、どんなにいい政策でも受け入れられたり、活用もされません。なぜなら行政とは住み暮らす皆さんの理解と協力なくしては何事も実現できないからです。

「何かよく分からないが市役所だけで、何かを始めたようだ」

「商工会議所が、何かの事業をしているようだ」ということではダメなのです。そうではなく、「私たちに関係あることなんだ」と〝自分ごと〟にしてもらうことが重要なのです。

そこで、「担当者をすぐに替えないこと」（継続性）

「横串を入れること」（全体最適性）

「分かりやすい広聴・広報をすること」（拡張性）

他にも細かい条件はありますが、これは、私の重点プロジェクトにおける成功の３つの条件としています。

東京農業大学との不思議な縁《えにし》

幼少期から高校卒業まで、私を育んでくれたのが、いわゆる「道東」のオホーツク地域です。大学時代、東京から国内外の「地域創生」の現場をよく歩きました。そして、縁あって小樽市役所に入庁しました。

社会人として「はじめの一歩」から私を鍛えてくれたのは、小樽市役所であり小樽市です。小樽市役所と小樽市の皆さんには心から感謝しています。

ところで、「小樽」のまちづくりには幕末の英雄・榎本武揚公が深く関わっています。JR小樽駅から余市方向に5分ほど歩くと、私が毎年お参りをする龍宮神社があります。そこには榎本公直筆の「北海鎮護」の書が残っています。宮司は内科医の本間公祐さんです。とても温かい心の持ち主で面倒見がよく実直な方であり、厳しい神社の運営を持ち前のバイタリティで健全化した方でもあります。

この神社は、明治9（1876）年の国有地の払い下げの時、榎本武揚公が「北海鎮護」と献額し社を建立したものです。また、小樽市内の中心3商店街のうち、都通り商店街のアーケードには、榎本武揚公の垂れ幕などがあり、その功績などを知ることができます。

ところで、あえて私が触れることもないのですが、私が現在奉職している東京農業大学の創始者が、榎本武揚公なのです。維新後、榎本公は黒田清隆氏が長官を務めていた北海道開拓使に出仕し、そこに携わることになるのです。そして、今は江別市になっている石狩川沿いの対雁《ついしかり》に榎本農場を、小樽には北辰社を設立し、北海道農業の振興に尽力しました。榎本公は「国力増進には農業振興が不可欠、そのためには教育が必須」として明治24（1891）年、徳川育英会育英黌に農業科を設立するのですが、これが現在の東京農業大学の前身になるのです。その設立の地、東京のＪＲ飯田橋駅近くには「東京農業大学開校の地」という碑が建っています。

その東京農業大学が平成元（1989）年にオホーツクキャンパスを網走市に開設したときは、心の中で快哉を叫びました。榎本公の魂が導いたのではないかと思いました。そのオホーツクキャンパスには生物産業学部4学科があり、現在約1600名の学生・大学院生が在籍しております。そのうち、約9割が首都圏からの学生・大学院生です。卒業後は2割の学生が北海道内に就職し、約8割の学生が地元へ帰っていきます。学生たちは、地域の農林水産業や飲食店等の従業員（アルバイト）としてはもちろん、消費者でもあり、大学の地域への消費支出に伴い生じる経済効果は年間約32億円と試算され、いかに大きいかということを実績で示しています。

市役所職員時から大学に関係

私はこれまでの小樽市での本業（仕事・ライフワーク）の企画や実践内容を整理し、独自に海外都市視察を企画し、調査研究のうえ論文を発表したり、書籍を出版したりしていました。その内容を小樽市内にある小樽商科大学の非常勤講師として、講義をしたり、ビジネスアイデアコンテストの審査員等になったりして、行政のみならず、大学を通じても、地域人財の養成や地域ブランド化等に関わりを持つようにしていました。

これまでの黒子役としての実践行動の実績もあり、誠にありがたいことに、お声掛けをいただき、平成８（２００６）年から内閣官房・内閣府、11年からは農林水産省に勤務しました。もちろん、すべてが「順調」ということではありませんでしたが、「真のパートナー・ブレーン」に恵まれ、地域創生の推進に邁進してきました。

国家公務員時代の約5年間は、地域再生策の策定、地域再生制度の事前・事後評価のほか、特に全国の大学を「知の拠点」として、地域活性化システム論の開講と運営に尽力していました（図表11）。もちろん、東京農業大学オホーツクキャンパスでの開講を打診し、担当教授・職員等へ講義内容、実績の説明をし、平成22年度から開講の運びとなりました。

そこで私は非常勤講師として講義や、他の講師陣との連絡調整をしたり、運営協力することになりました。このことが契機となり、私としても関心の強い、東京農業大学との関係が始まったのです。

私は出身地の北海道の地域創生を実現したく、オホーツクキャンパスの生物産業学部に所属し、初年度は非常勤講師として地域活性化システム論、地域ビジネス論、企業論、演習を担当しました。

その後、客員教授から教授として大学生対象の講義のほか、オホーツクものづくりビジネス地域創成塾や農林水産業振興など、主に地域人財養成、地域ビジネスや地域ブランド化、6次産業化などを担当するようになりました。

休みの日は、国内外の地域創生の現場を積極的に回り、調査分析のうえ、その内容を講義や論文、書籍出版したり、学会発表や木村塾等で講演したりしていました。当時、学長兼理事長の大澤貫寿先生、オホーツクキャンパスの諸先生には大変お世話になりました。地域活性学会第6回総会・研究大会（平成26・2014年）をオホーツクキャンパスにて開催し、地域内に最新の6次産業化モデル等を発表、対話いただく機会となりました。

世界を視野にスーパー教授を目指す！

オホーツクキャンパスでの約8年間で、道東地域をはじめ北海道内の179市町村は3周目となりました。国内では都道府県の主要な市町村は全てを回り、ほとんどの農林水産業の現場を訪ね、多くの声を直接聴き、ひとネットワーク構築、農林水産業振興や地域ブランド化などを手掛けてきました。現在、北海道内では中頓別町や根室市、本州では青森県、長野県、群馬県富岡市、茨城県行方市、奈良県御所市、大阪府泉大津市、宮崎県などに人財養成や地場産業振興のため、重点的に入っているところです。

令和元（2019）年4月からは、東京農業大学世田谷キャンパスにある総合研究所教授として、主に地域創生リーダー・プロデューサー人財を養成するため、「地域創生講座」の開講、産官学連携事業や新たな研究開発のサポートをしています。

2020年からは、インドネシアはじめ、ASEAN諸国に地域創生モデルを導入予定です。スーパー公務員を卒業し、次はスーパー教授を目指して、世界の大学等を拠点に自称・人間マグロ、常に「黒子役」として、日本の産業・歴史・文化を理解いただき、厚い信頼関係を築くため、国内外の現場を全力で回り、住み暮らす皆さんが主役となる地域創生、事業構想とその実践、同時に人材養成プログラムの作成と実践を必ずしてまいります。

図表11 地域活性化システム論開講実績

北陸先端科学大学大学院大学	2006（平成18）年度	伝統地場産業活性化、温泉地活性化、バイオマス等
小樽商科大学・室蘭工業大学	2007（平成19）年度	観光戦略、地域プラン戦略、ものづくり戦略
高崎経済大学	同右	地域づくり論、現代の地域づくり
法政大学	同右	人口オーナス進行（人口高齢化・減少）下の地域再生
早稲田大学	同右	北杜市の地域資源の有効活用
独協大学	同右	これからのまちづくりのヒントを探る
信州大学	同右	信州の食、観光、文化振興、人材育成
島根大学	同右	地域資源を活用した産業戦略
秋田県立大学	2008（同20）年度	秋田県農業の再生
和歌山大学	同右	観光を通じた地域再生
東洋大学	同右	ＰＰＰ制度手法論
東京藝術大学	同右	芸術が地域に貢献できること
千葉大学	同右	地域活性化人財育成
滋賀県立大学	同右	大学連携、地域資源を活かした地域活性化
京都橘大学	同右	地域活性化とは何か
大阪大学	同右	医療・福祉、地域活性化、人材育成
甲南大学	同右	六甲山の活性化
岡山大学	同右	農学と地域活性化（農と福祉、バイオマス）
高知工科大学	同右	農業、観光、スモールビジネスによる地域活性化
沖縄大学		里海（イノー）、農と食、特産品開発、観光による地域活性化
宮城大学	同右	国土政策、住民参画、自治体の行財政改革
足利工業大学	2009（平成21）年度	足利市・両毛地域の活性化
東京農業大学	同右	オホーツク地域の特性を活かした地域活力の再生
明治大学	同右	地域活性化のコツ、連携による地域活性化
岐阜大学	同右	まちづくりリーダー育成
鳥取大学	同右	大川地域活性化
三重大学	同右	三重県内の実態分析・課題抽出
鹿児島国際大学	同右	鹿児島の地域再生・活性化

（著者作成）

第5章　次の展開はすでに始まっている

○地域創生モデルを海外へ導入。
○地域が中心となり脚本から「五感六育®」映画制作によるストーリー（物語）の重要性を創発する。
○小中学校の先生が地域創生の大きな役割を担う。

大切な視点はASEAN諸国

私が、11年前に設立に尽力し、現在、約1100人規模の「地域活性学会」から、次に、平成29（2017）年に新たに「日本地域創生学会」を設立したのか。その理由はASEAN諸国等との「対話」のためです。

地域活性学会は、主に国内の地域活性化を対象としています。海外では現在人口が増え続けていますが、将来は高齢化や少子化が進み人口が減少していくことでしょう。その時に、現在の日本の取組みが先駆的モデルとして重要となります。

日本地域創生学会は、日本がどのように少子高齢化などを乗り切ろうとしているのか、または乗り切ったのかなど、しっかり「地域創生モデル」を創造し、今のうちから、大学間の連携による人的交流や経済交流、また、政府関係者等との共同研究を通じ関係を深めることが重要と考えています。成功事例のみならず失敗事例も深く学んでいただき、そこから信頼関係や友好関係を創り上げていくことが肝心といえます。

日本地域創生学会設立人会

日本地域創生学会の第1回総会・研究会は平成29（２０１７）年に東京大学で開催しました。平成30（２０１８）年は東海市、令和元（２０１９）年は沖縄市でした。沖縄大会の数か月後に首里城が焼失してしまい、とても残念でなりません。再建のための募金を当学会としても行いました。総会では、琉球大学名誉教授から首里城の歴史的な背景等に関して、学術的・体系的に講演をいただきました。講演後、首里城を見学に行った会員の方も多数いました。１日も早い復旧を心から願っております。

図表 12　日本地域創生学会　総会・研究大会開催地（予定）

2017 年度　東京大学（東京都）

2018 年度　東海市芸術劇場（愛知県東海市）

2019 年度　沖縄市民会館（沖縄県沖縄市）

2020 年度　北海道文教大学（北海道恵庭市）

2021 年度　日本武道館（東京都）

2022 年度　ハノイ貿易大学（ベトナム）

2023 年度　東京大学（東京都）

2024 年度　インドネシア大学（インドネシア）

2025 年度　東京農業大学（東京都）

2026 年度　マラヤ大学（マレーシア）

2027 年度　兵庫大学（兵庫県加古川市）

2028 年度　ルフナ大学（スリランカ）

2029 年度　慶応義塾大学（東京都）

2030 年度　マヒドン大学（東京都）

令和2（2020）年8月29日㈯は、北海道恵庭市（北海道文教大学）にて総会・研究大会を開催します。その後は、国内外の大学等にて順次開催を予定しています。（図表12）

マレーシア国務大臣との対話

令和2（2020）年には、地元が中心に「ひと」「こと」「もの」を掘り起こし研き、希少性ある全体最適な「五感六育®」映画の制作に入ります。また、今後は本書の英語版の出版も予定しています。

先日、マレーシアの国務大臣が来日され、私は地域創生に関する講演を依頼されたのですが、他の日程が決まっていたために受けることができませんでした。再度、連絡が来て、「夕食懇談はできませんか」とのことでした。夕方であれば日程調整が可能でしたので、「18時30分からであればお受けします」ということでお逢いしました。その時に、マレーシアの国務大臣に、地域創生に関する現状と課題、成功モデルや人間関係づくりなどを約1時間半で説明しました。ＡＳＥＡＮ諸国に日本の成功モデルをしっかり大学等を通じて創発していきたいこと。成功事例も、失敗事例も実学として教えることで、より一層の友好関係を結びたいと話したところです。とても感動していただきました。そして、このように聴かれました。

「大変よい話を聴いたのですが、この内容は書籍になっていないのですか」

「2020年3月に出版しますが、日本語版です」

「ぜひ、英語版を出して欲しい」

「2020年3月に日本語版を出版してから考えます。何冊くらい必要ですか」

「これくらいですかね」と、指2本を見せて、

「大臣、2冊ですね？（笑）」

「2万冊です。それくらいは売れると思うので考えてみてください。特に地域創生や人間関係づくりには関心があります」

とてもなごやかな雰囲気で地域創生の本質に関して対話ができました。今、マレーシアの大学へは毎年、日本から留学生約500人が入学しています。お互いの心と心の交流へと発展して欲しいものです。その後、インドネシアから官房長ほかが来日した時は、急遽日程調整して地域創生に関する基調講演を行いました。

映像で視覚に訴えよう！

繰り返しますが、日本の地域創生モデルを海外へ創発する時も同様ですが、地域の皆さん

に政策を広め実践に協力を得るためには、産業間をいかに繋ぐのかということを考えることが大切です。そして、地域の希少性ある魅力を一覧表にして、分かりやすくシンプルに広報等に掲載し、できる限り広く周知することが重要となります。

関わった方だけが認識しているのでは、〝自分ごと〟として広がらないのです。そこに住み暮らす皆さんがともに認識することが大切なのです。

「自分の地域はこういう希少性を持っているんだ」ということや、「こういう弱みがあるけれど、実はよそから見ると弱みではなく強みとして生きるものだ」ということを含めて、関わった方だけが認識しているのではなく、関わっていない方にもそのことを知ってもらうストーリー（物語）を作成することが大切です。

関わっている子どもたちはよく分かっているが、関わっていない子どもたちは全く分からないというのでは、地域に愛着心を持ってもらうことはできません。

そこで、地域創生に関する一連の流れを映画にして、小学校、中学校、高校で放映していただく考えでいます。通常の映画を制作する場合は、映画館で観ることになります。学校などで映像を流す場合は、映画館で上映してからにしてくださいということになります。

ところが、地元の皆さんが中心になり「ひと」「こと」「もの」を掘り起こし研いてストーリー（物語）を作成し5分ものを6本作ったとしたら、どうでしょう。例えば、「産業編」を5分で制作するんです。これですと、小学生、中学生でも、自分の住み暮らすまちのことでもあり、じっくりと5分間の映像を見てくれることでしょう。しかも、地域の皆さんで脚本を作成し出演しているとなれば、より興味を持つことでしょう。そこで、子どもたちは自分で知り気づき学び始めるのです。そして、自分の地域は、実はこういう特性を持っているんだと か、こういう良さを持っているんだということを実感することになるのです。

憧れで東京へ流出する若者たち

先日、新潟大学で基調講演をする機会がありました。令和２（２０２０）年1月1日現在、新潟県の人口は約２２２万人になっています。ですが、近年約2万人前後の人口が減少しています。

特に20歳から24歳までの転出が著しいのですが、どこへ行くのかというと主に東京です。聴き取り調査をすると、その約6割弱が憧れで東京へ行くというのです。ある程度知られている企業であれば、就職先はどこでもよく、東京で暮らしてみたいということなのです。

これでは、将来も地元には戻りません。なぜならば、地元に愛着を持っていない方も多く、地元のよさや他のまちとの比較ができていないのです。小学生、中学生の時にも塾通いなどで、地域の行事にはあまり参加していません。授業中に5分でも10分でもいいから、地元の産業・歴史・文化などを知る機会を創出することが、愛着心を育むことにつながり、大変重要といえます。

これからは、地域創生には、特に小中高校の教員の皆さんの協力が必要です。いわゆる地域創生のカギは、教員の皆さんに地元のことをよく知っていただき、子どもたちに接していただくことが肝心となります。

地域環境を守るということ

奈良県御所市では、棚田に水を引く作業を、それぞれの農家の皆さんが毎日午前1時、午前2時、午前3時などに行っています。そうして美しい棚田が守られていること、自然環境が保全されていることを、地元の子どもたちは知りません。観光客の皆さんが、「きれいだね」「すごいね」「すばらしい」と言って、感動してくれている棚田を守るために、どれだけの努力をしているのか。田植えをしたら、あとは稲刈りをすればいいだけというのではないのです。草むしりをして、水を引いて、毎日見に行って大切に大切に育てていく。こんなに苦労をして、この自然環境や美しい風景が守られているのだということに知り気づく人がいます。なかには、全く気づかない人もいるでしょう。それに気づいた時に、自分はどういう形で関わることができるのだろうと考える人がいます。

ですが、もしも、このことを知り気づく機会がなかったら、地元に関わろうとは思わないことでしょう。「なんか面倒くさいな」と思ってしまいます。

お父さん、お母さん、おじいさん、おばあさんが、これまでどんな想いで取り組んできたのか、守り抜いてきたのかなどを映像で映し出したとしたら、これはインパクトがあると言えます。その守り抜いてきた現場や想いを知っていただくことがとても大切です。

自分たちでストーリー（物語）・脚本を作成し、プロの脚本家やカメラマン、プロの監督や助監督に協力いただき、地元の皆さんが中心になって創り上げるのです。

それはなぜかというと、創り出すことに自ら接しなければ、自分ごとになりません。どなたかの脚本による単なるロケ地であれば、「ああ、あそこだ。きれいだよね」「ロケ地になってよかったよね」と地元の皆さんもそれで終わってしまうといえるでしょう。

自分たちで、まちの「ひと」「こと」「もの」を掘り起こし研きをかけ、ストーリー（物語）を作成するんです。「これは、自分たちで創るんだ」という強い想いがあれば、この場所を出さなければとか、みんなで創発しなければという気持ちになります。この映像は、ホームページにも掲載することができますし、ユーチューブ等でも発信することができます。地元の大切な映像を作成する目的は、そういうことなのです。

着実に前へ進もう!

令和2(2020)年は、3月に書籍(本書)を出版し、4月からは地元が創る地域創生映画の撮影準備をします。令和3(2021)年の日本地域創生学会総会・研究大会では、書籍の日本語版と英語版とともに、地域創生映画が公開できることでしょう。ASEAN諸国等への展開を令和4(2022)年にしているのは、まずは日本でモデル地域を創発した後、展開していくという理由なのです。地域創生に関しては、書籍を読むだけではなく、観て感じてもらうという創り方をしていきたいと考えています。

今後、私は、インドネシアはじめASEAN諸国等の地域開発や人財養成に関わります。講演や講義のほか、留学生の受け入れ(地域創生)など、積極的に取り組んでまいります。

私は、「自分の地域の価値、希少性と住み暮らす人のニーズはなんですか」という質問をすることがよくあるのですが、聴いた方は「えー?」と考え込んでしまいます。「そのことをしっかり考えながら、ともに地域を創り上げていくことが、大事ですね」と、いつも私は伝えています。

Ⅱ

地域創生のあるべき姿

新たな「豊かさ指標《ものさし》」とは何か？

ここでは、国・自治体職員の心得や民官協働による地域創生のための政策立案方法と実践方法に関して解説します。

これらのことは本書の「Ⅰ」でも断片的に触れていることですが、ここではそれらを体系的にまとめ、解説します。

第1章　地域創生の具体的手法

自己分析・理解／まち分析・理解

自己分析・自己理解（強み・弱み）
←他者理解・一体感の醸成（仲間意識・真のパートナー・ブレーン）→相互理解
←まち分析・まち理解（産業・歴史・文化）
←情報共有・役割分担（広聴・傾聴・対話・広報）
←「ストーリー（物語）」
戦略の立案（目標までの道筋、実行主体、実行時期（時間））
戦術の立案（誰が、いつ、具体的に何をやるか）
脚本の作成

ストーリー（物語）の構想と実現

「地域創生人財」の養成（プロデューサー意識の醸成とひと育て）
↓
広聴・傾聴・対話・広報（地域の一体感の醸成）
↓
「地域創生モデル」の海外展開（ＡＳＥＡＮ等）

地域の現状は、人口減少、基幹産業の衰退、高齢化の進展等々、いくつものマイナス要因が積み重なり、まちの底力が弱っています。特に過疎地域と言われるところでは、どんなに努力をしても、なかなか先が見えない状況です。

一方、海外に目を向けると、人口増加による食料確保が喫緊の課題になっている国々が多く、そういうところからなんとかして欲しいと強く依頼を受けることが多くなりました。

私は、これまで繰り返し主張し、また実践してきたように「五感六育®」分析により、現場を歩き、ヒアリングをしながら、その地域の基幹産業を解き明かした上で、未来にむけて「六育」のバランスをとり、タイミング、スピード、パワー、ひとネットワークによる事業構想を、信頼できるパートナーと組み、指標（ものさし）を決め、実現することを目指してきました。

私の40年余にわたる実証、調査研究から、

(1)実学・現場重視
(2)全体最適思考
(3)ストーリー戦略を実践することができる人財（リーダー、プロデューサー）の養成と定着が急務であるという結論を導き出しています。

Iの恕でも述べたように、アリストテレスも人財養成に悩んでいました。心を研き、イノベーションを興す、すなわちフローモスという人財養成のことです。

私は、事業構想と人財養成プログラムを同時、並行的に実行することが何よりも大事だと考えています。具体的には、

(1)順番（重要性、緊急性の分析・判断）
(2)視点（固定観念からの脱却）
(3)ストーリー（全体最適と希少性を具備）

ということです。（図表13～14）

このことをさらに推し進めるために、私は、２０２０年度から、東京農業大学、東京大学で「地域創生講座」を開講し、そこでより深く掘り下げようと考えています。

これらに先行する形で、２０１７年８月には、「日本地域創生学会」を立ち上げました。その目的は、全体最適、「五感六育®」思考で学術的研究や政策提言をし、そして実践をし、地域の未来を担うリーダー・プロデューサー人財の養成とひとネットワーク構築を目的としたものです。その先駆的モデルとして、

⑴（全体最適思考による）地域創生・ＳＤＧｓ（持続可能な成長目標）の形成

⑵防災減災・食・物流・情報、省エネ避難所の新たなる拠点形成

⑶観光産業振興のための様々なメディアとの連携によるインバウンド特産品開発等のアンケート調査・分析

⑷「五感六育®」事業による地元が創る短編（５分もの）映画の制作

図表 13　地域創生と人財養成プログラム

【地域創生のあるべき姿】

地域の宝ものの掘り起こしと研き！

（産業・歴史・文化）

「五感（感動・四季）分析」

（希少性・日本一）
⇒「基幹産業分析」
（参考：RESAS⇒現場へ）

（付加価値額ランキングベスト 10）
⇒「業種毎の現場調査・ヒアリング」
⇒「六育」（地域・木育・食育・遊育・健育・職育）のバランス環境形成

【地域創生の重要ポイント】

⑴実学・現場重視	⑴順番（重要性・緊急性）
⑵全体最適思考	⑵視点（指標（ものさし））
⑶産官学金公民連携	⑶ストーリー（物語）

〈地域創生の基本・はじめの一歩〉
◇人間関係づくりと対話（しくみ化）
◇仕事整理・環境の改善（できる化）
◇自己分析・自分史年表
◇観察力・洞察力
◇ひとネットワーク図（見える化）
◇レジリエンス・信頼

〈モデル自治体等の創発〉ASEAN へ
⑴地域創生・SDGs の実現
⑵防災・減災・食・物流・情報・省エネ（避難所）の新たな拠点形成
⑶マスメディアと連携しインバウンド等の意向アンケート等による観光産業戦略
⑷自分たちで手掛ける「五感六育 ®」映画の制作（ひと・こと・もの）
⑸働き方改革「快適なオフィス　環境の実践（ハード・ソフト改善）
⑹「五感六育 ®」の「健育」の推進
（ダンス・足指運動・回想法）
⑺自販機による地場産品の販売・調査
⑻地域創生講座（東農大・東大）の開講

〈地域創生の応用・プロセス重視〉
◇プロセス重視
問題発見⇒仮説⇒情報収集⇒
政策立案⇒調整⇒政策決定
◇ビジネスモデルの作成と実践
☆理念・目的・目標・使命の明確化、指標（ものさし）
☆期限（3＋3＋6＋6）ケ月 ×2回
＝3年間

（著者作成）

図表 14　地域創生　事業構想（案）

事　業　名	
目的・目標・使命	
ターゲット（対象）	
キャッチコピー	
主な事業内容	
希少性（ならではの	
ひと・こと・もの）	
パートナー・ブレーン	
チャネル（周知方法）	
コスト・自分への報酬（ご褒美）	
スケジュール（時間）	

⇩

事業イメージ（案）	
⑴実学・現場重視	⑴順番（重要性・緊急性）
⑵全体最適思考	⑵視点（指標）
⑶産官学金公民連携	⑶ストーリー（物語）
問題発見⇒五感六育 Ⓡ 分析⇒仮設⇒情報収集⇒政策立案⇒調整⇒政策決定⇒実践行動（答えは１つではない）※プロセスの重視 ☆人間関係づくりとコミュニケーション	

（著者作成）

⑸働き方改革のためのソフト面、ハード面からの快適なオフィス環境
⑹「五感六育®」の健育の推進（ダンス、足指運動、回想法等）
⑺自販機による過疎地域・被災地・離島等の商品販売戦略と調査研究
⑻「地域創生講座」の開講

を実施しております。そして、これらの実績は２０２０年8月29日の日本地域創生学会総会・研究大会で発表となります。（北海道恵庭市、北海道文教大学にて開催）

今後も、私は、国、地方自治体、大学、各種研究機関等、様々な組織・団体とともに、日本の地域はもとより、私たちの実践行動に熱い視線を注いでいるＡＳＥＡＮ諸国において、地域創生モデルと地域人財の養成を実現したいと考えています。

そして、そのキーワードは、次のとおりであり、常に頭の中に入れて今後も活動していきたいものです。

1　地域創生の視点・指標（ものさし）とは何か

地域創生が成功しているかどうか、それを客観的に確認する指標は5つあります。

(1) 所得の向上

1人当たりの所得がどのくらいか、それが経年的に上昇しているのか、あるいは落ちているのか。また地域の基幹産業がどのくらい貢献しているのか。この数値をみると傾向が分かります。

(2) リーダー・プロデューサー人財の養成

地域創生成功の大きな鍵を握るのは、何をするのかということも大事ですが、誰がそれをやるのかということが重要です。だからこそ、優れたリーダー・プロデューサー人財が必要なのです。その養成がしっかりできているかということです。

(3) 相互認知のしくみ

首長だけが目立ってしまうと、関わってきた人たちのモチベーションが下がります。ひと頃、スター知事やスター市長がもてはやされた時期がありました。でも今、その地域はどうなっているでしょうか。一番恐れていたことが多数起きています。

すなわち、そうしたスター性を持った首長がいる間、盛り上がっていた地域が、その人が去った途端、特に行政スタッフの人たちに安堵感が生まれ、それだけならいいのですが、モチベーションが下がってしまったという例もあるのです。

つまりキーパーソンだけが「名を残す」のではなく、関わった人たち皆さんが名を残すものです。動画、写真、図、文章などで関わった人たちを具体的に記し、まちの図書館等に保存することです。

これはなんでもないことのように思えますが、実は地域全体のモチベーションを保つのに効果的なのです。

(4) ステージ（舞台）の存在

地域を構成するのは一部の人たち、一部の限られた層の人たちではありません。老若男女、ビジネスマン、職人、自営業者、行政職員等々、様々な多くの人たちです。そして、一度の人生、地域創生のステージで、それぞれの人たちが十分活躍できる場所が用意されているかということです。あらゆる人たちの「出番」が用意され、「好き、楽しい、おもしろい」として活躍していなければ地域創生の実は上がりません。

(5) 産業戦略と事業構想

地域の主産業とその関連産業を核として、地域内でまかなえない産業分野の起業、企業の誘致や供給体制を確立させて、全て地域の主産業と結びつける戦略が立てられているか。そして、未来に向けての新しい産業や文化を興す仕組み（事業構想）があるかということです。

2 「五感六育®」とは何か

人体は、「五臓六腑」で成り立っているといいます。五臓とは肝臓、心臓、膵臓、肺臓、腎臓。六腑とは大腸、小腸、胆、胃腸、三焦、膀胱。俗に「五臓六腑にしみわたる」というのは、体全体に行き渡ることですが、「しみわたらせる」入り口が「五感」です。

五感とは視覚、聴覚、味覚、嗅覚、触覚です。これらを通じて、五臓六腑にしみわたらせるのです。

一般的に「考える」のは脳の働きだと思いがちですが、そうではありません。

実は、私たちは気づかないうちに、それを実践しているのです。散歩、運動、食事等々、お腹が減っては思考力も低下します。

古今東西の偉人が散歩を欠かさなかったことは有名な話です。哲学者カントは毎日午後4時から5時までの1時間、散歩を欠かすことがなかったといいます。ベートーヴェンはハイリゲンシュタットの森を散歩しながら、曲想を練ったといいます。ルソーは日々の散歩の途中で浮かび上がってくる想念を書き留め、それは『孤独な散歩者の夢想』という形で書籍にまとめています。

散歩などのように、体を動かすと脳内伝達物質のセロトニンの分泌量が増え、ひらめきを助ける効果があるといいます。

また『六育』とは「知育」「食育」「木育」「遊育」「健育」「職育」であり、具体的には、次のようなことです。

(1)知育……知性を養う。知り、気づきの機会を増やす。
(2)食育……5味の「甘い、辛い、酸っぱい、苦い、うまみ」の体験を増やす。
(3)木育……地元の木を活用して、特に子どもたちに自然の温もり、素晴らしさを教える。
(4)遊育……遊びの中から考える力を育む。
(5)健育……健康を保つ能力を身につける。
(6)職育……健常者、障害者、男性、女性等々、あらゆる人が共に働ける社会を創る。意識を高める。

すなわち、地域創生の要諦は、「五感」で感じ取り、「六育」のバランスをしっかり取ることなのです。

私が強調している全体最適な「ストーリー（物語）」を実現するためには、「五感六育®」のバランスを常に考え実践行動することが大事なのです。

頭の良し悪しは脳細胞同士を結びつけるシナプスの多寡だといわれています。そして、それを増やす方法は、様々な情報を絶えずインプットすることです。そしてインプットしただけでは、実はシナプスは機能しません。インプットした情報が実際にどのように他の情報と繋がっているのかを自ら確認しなければシナプス形成はされないのです。

私が机上の数値や理論だけではなく、実学・現場重視といっているのはこのような理由からでもあります。

その意味で「これが私の専門です」とか「その分野は私、素人ですから」という人は、実は地域創生においてはあまり役に立ちません。その枠を超えて、自分の専門知識が他の分野とどのように結びついているのか、現実とはどのように結びついているのか、あるいは結びつく可能性があるのかを思考できる人が必要なのです。

３　ストーリー戦略がなぜ必要なのか

私は一貫して地域創生におけるストーリー（物語）の必要性・重要性を説いてきました。ではなぜストーリーなのでしょうか。

ストーリーとは、主体を明らかにして、いつ、誰が、どのように関わるのかを明確にすることです。これを私は、「まちの脚本」といっています。

そうしないと、せっかく策定した政策や施策が「絵に描いた餅」になってしまうからです。

それでは具体的にどうすればいいのでしょうか。

それは次の手順で実現します。

⑴地域の産業・歴史・文化を掘り起こし、研きをかけ、世界に創発するキラリと光るまちを創る「まち育て」

さらに、同時並行的に、
⑵未来を担う子どもたちに地元への愛着心を育む「ひと育て」を実践することです。

そして、そのためには、
①実学・現場を重視する視点を持ち、
②部分・個別最適ではなく「全体最適」思考で、
③官と民との役割を明確にし、
「まちの脚本」を創り、それを地域全体で共有し、実行していくのです。

このプロセスは、

情報共有 → 役割分担 → 出番創出 → 事業構想 → 実践行動 → 事業構築

ということになります。

これは一にも二にも、構築した政策・施策の実現性を高めるためです。計画だけがあり、それをどうやって、誰が、いつ行うのか、という具体性がないのは困りものです。

そんな計画があるのか、と思われる方がおられるでしょうが、行政に限らず、民間の会社にも結構あるのです。それはなぜかというと、縦割りの弊害なのです。つまり、全体計画を創るためには、各部署の協力が不可欠ですから、それらの部署から、アイディアを求めます。

実現性の低い計画は、それらをパッチワークのように貼り合わせただけのものになり、順番も順序の区別もついていません。もちろん、一流のパッチワークは、張り合わせたものが全体としての美なり、統一性を保っているものです。

その全体美、統一感を創り出すのは、リーダー・プロデューサーの役割です。最も影響力があるのは、いうまでもなく、組織の長、行政の首長であり、企業の社長です。

例えばある地域で学校が廃校になったとします。そこに企業を誘致しようと考えて、首長がやみくもに企業回りをし、いわゆるトップ営業をしたとします。でもこれは順番が違います。何よりもまず地域の基幹産業のテコ入れをすることから実践しなければなりません。地域内に産業クラスター形成させるための起業や企業誘致を最優先することなのです。

地域の基幹産業とは全く無縁の起業や企業誘致をしたところで、まち全体の底上げには至りません。場合によっては地域の基幹産業と同じ企業を誘致したために、これまで地域産業を担ってきた地場企業が潰れてしまうということだってあり得るのです。これこそ税金を使って利より害の多い政策の実践となってしまいます。

むしろ、この場合は、地域内の地場企業を回り、学校跡地に未来を見据え産業クラスター形成を図るなど、相互止揚（アウフベーヘン）状況が生まれるようにすべきなのです。

「順序」とは、ある基準に従った並び方で、その位置、物事を行う手順であり段取りです。「順番」とは、順序に従って、代わる代わるそのことにあたることです。

すなわち「順序」は並べ方で「順番」は番号を振って当てるというものです。当然、順序づけられないものもあるでしょうが、それとて順番をつける作業は必要となります。

しかし、いかにトップが見識を発揮して、立派な計画をつくったところで、順番もなく順序もない、それを実行する人たちに全体を見渡す、未来を見通した考え方がなければ、実効性がありません。

4　どのようにストーリーを創るのか

昭和31（1956）年3月から日本経済新聞が連載の「私の履歴書」は同紙で最も読まれ

ているといわれています。それは「ストーリー（物語）」になっているからであり、そのストーリーの中に「ドラマ」があるからです。

「私には、人に聴いてもらえるようなストーリーはないです」という方がいるかもしれませんが、どんな人でもその人にしかない一度の「人生」があり、そこにはストーリーがあるものです。

差異があるとすれば、それはストーリーの表現力の巧拙なのです。ある出版社の編集者に聴いた話ですが、

「自治体の首長の話は総じてあまり面白くないが、唯一、面白いところがある。それは、自分の生い立ちに話が及んだ時だ」ということでした。それまでスタッフの用意した原稿を棒読みしていた首長が、自分の生い立ちのことになると、いきなり身を乗り出して饒舌になり、話が実に面白いのだそうです。

また敬老会に行きますと、皆さん、自分のことを一所懸命に語っています。会話や対話になっていないようなことがしばしばありますが、相手が聴いてようが聴いていまいがお構いなしに大いに語っています。

ツイッターやフェイスブック、ブログなどのＳＮＳが隆盛を極めているのは、皆さんが自分のことを聴いてもらいたいということもあるでしょう。

本書の「I」で私は自分の生い立ちについて書きました。一つの実証です。別にあなたの人生は素晴らしいですねと言ってもらいたいわけではありません。私の生い立ちの中ですら、様々な人生における教訓や地域創生に関する要諦があるのです。

不況に苦しんでいるといわれている出版界において、唯一、気を吐いているのは私家版、中でも「自分史」と聴いています。

一番に分かりやすく、創るのが簡単なものは、自分が生まれてからのことを時系列に綴っていくことです（図表6、16ページ）。

私の例でも明らかになっているように、幼少期、小中学校期……それぞれの時期に区切っても一つのストーリーがあるということです。

まずは自分が何者であるのか、ということの分析です。

「己を知る者は賢者なり」（チョーサー）とも「彼を知り己を知れば百戦危うからず」（孫子）という諺があるように、自分を知るということがすべての出発点なのです。

自分の歩み来たりし道を振り返ることで、自分の長所と短所を改めて自覚し、短所を自分がどう改善しようとしたのか、長所をどう伸ばそうとしたのか、それが今に生きているのか、生きていないのか等々、様々なことが分かるのです。

私の場合、何事も、小さい頃から自分の目で確かめ、自ら体感しないと気がすまない性格でした。また父親からは自分の活躍する場は自分で創れと教えられていましたので、短所を徹底して改善しようと自分で「場づくり」をしてきました。その際、自分一人で行えることの限界も知りましたから、積極的に自分をサポートしてくれる、また協力してくれるブレーンとパートナーを求めることにしました。

5　ストーリーをどのように活用するのか

「自分が何者なのか」ということに知り気づき、それを他の人に理解をしてもらう。これが次の段階になりますが、自分を理解しつつ、他者のことを理解する努力をし、姿勢を見せることが大事です。

「士は己を知る者の為に死す」と言います。自分の価値がわかってくれる人のためには命も惜しくない、ということです。人は自分のことを知ってもらいたいし、自分を理解してくれている人のためには骨身を惜しまず尽くすものです。

最近では職場の飲み会が少なくなりました。

確かに、17時過ぎてまで職場の上司と関わりたくないという考え方の人が多くなっていますし、そういう人の気持ちもわからないでもありません。私が小樽市役所に入って、毎日先輩に飲み屋に連れて行ってもらっていたことは話ましたが、それが先輩や上司との溝を埋め、実際の仕事の時にどれほど役に立ったか知れません。

人生で無駄な経験などない、といいます。無駄だと思っていたことが、意外なところで、意外な時期に役に立ったということは、私のまだまだ狭い体験でも枚挙にいとまがないほどあります。

実は、アフターファイブでも「自分」を知ってもらう機会なのです。職場で仕事中に、自分の生い立ちを話題にするわけにはいかないでしょう。とりわけ若い頃は、大きな仕事をさせてもらえるわけではありません。仕事の実績を上げ、それを衆目が一致するほど認めてもらうのは難しいものがあります。

しかし、アフターファイブの飲み会で、意外な自分を知ってもらったことが、大きなチャンスを引き寄せることは少なくないのです。

逆に仕事場ではうかがい知れない先輩や上司の意外な、優れた一面（見たくない一面もあるでしょうが）を知ったとき、職場でのやりとりに深みが出ることは確かです。

職場で叱られても、その人が実は人情味溢れる温かい人柄の人だと知ったとき、職場での叱声・叱責の受け止め方は違ったものになるでしょう。

仕事とは、「人間関係づくり」の場であり、ある意味で「コミュニケーション」の塊といっていいでしょう。コミュニケーションの乏しい中でのチームワークや仕事の成功はありえません。

６　「ストーリー」には人を惹きつける力がある

「話し上手は聴き上手」といいます。前項でもそのことについて触れました。Twitter やFacebook などのＳＮＳが隆盛を極めているのは、皆さんが自分のことを知ってもらいたいからでしょう。「いいね」が増えるとうれしくなるのは、見て共感してくれている人がいるんだ、という満足感からです。

「いいね」をせずに直接会ったときに「見ていますよ」と言われることがよくありますが、できれば「いいね」を押して欲しいものです（笑）。それはリアルタイムで反応を知り気づくことができるからです。

講演を聴くとき、一番前に座って、頷きながら聴いてみてください。気づくと、講演者は、いつの間にか、頷いている「あなた」を見て喋っています。講演者も気づかないうちに、聴いてくれている人の方を向いて喋ってしまうのです。

聴き方の下手な人は、興味がない内容の時、いかにも退屈しているということを顔に出してしまいます。大学の講義など、大勢の中にいる場合、「私一人ぐらいは違うことをやっていてもわからないだろう」と思っていても、壇上からはその「油断」「緩み」がしっかり見えています。

もちろん、聴き手だけに問題があるわけではありません。面白くない話になっている「話し手」に大いに問題があります。話し手は聴き手が退屈しないよう、話の中に引きずり込む工夫をしなければなりません。

落語家は（落語家でなくてもいいのですが）、話の冒頭で、すなわちマクラでお客さんを引きつけます。ここで失敗すると、その日の出し物に影響するといいます。

子どもに読み聴かせをするとき、どんな本を選びますか。

トルストイではないですよね。啄木の詩集でもないですよね。宮澤賢治の童話など、中でも絵の入ったものを使いますね。詩集ではなく童話です。なぜ童話かというと、それがストーリー形成されているからです。絵が入っているということは、聴覚だけでなく視覚も動員しているのです。記憶力の天才といわれる人は、覚えるときに体を動かしながら覚えています。

素読とは、意味を考えずに、ひたすら音読することですが、この教育効果は計り知れないといわれています。私は、それは「五感」を駆使して行うからだと考えています。

漢詩絶句では「起承転結」とか「起承転合」とかいいます。すなわちストーリーやドラマ性を求めているのです。

パワーポイントが一般化して、専門的な技能がなくても、簡単にプレゼンテーション用のスライドが作れるようになりました。パワーポイントの活用過多という批判もあるようですが、聴いていて、図表や簡略化した文章があったほうが分かりやすいというのは事実です。

パワーポイントでスライドを作る場合、文章にしてもだらだらと綴るわけにはいきませんので、プレゼンテーターが話の要点を頭に入れる訓練にもなります。図表化はどうしたら一番わかりやすくなるかという工夫をする過程で、本当に訴えたいことは何か、ということを整理することができるので有益です。

7　地域創生は「ストーリー」が決め手

ここまで何度も自己分析による自己理解、そして他者理解へ進むことの意義を述べてきたのは、まち興し、地域づくり、すなわち「地域創生」も同じ手法を使うということを理解してもらいたかったからです。

自己分析はイコール自分のまち分析です。

私は自分の出身地の自治体に入りたかったのですが、募集がなかったため小樽市役所に入ることになりました。そこで私が行ったことは徹底して小樽というまちを知ることでした。

地域創生は、自分のまちにある優れたものを他のまちに知って・活用してもらい、自分のまちになく、他のまちにあるものを知って・活用することです。

私が小樽に来た時、タクシーの運転手さんに、

「(小樽は) 何もないよ。何しに来たの?」と言われたときのショックは今でも忘れません。しかし、その運転手さんの言葉を聴きながら、心の中では、

「そんなことあるもんか」という反発心も生まれていました。

本州のまちに比べれば小樽は歴史が浅いのは事実です。かつてこの地はアイヌ語で「オタルナイ」(砂だらけの沢、砂浜の中の川) と呼ばれていたくらい、不毛の地でした。本格的な開発が始まったのは、享保年間ということですから、まだ200年余の歴史しかありません。しかし、アメリカ合衆国の独立宣言が1776年ですから、アメリカの歴史よりも古いわけです。「何もない」なんてことはありえないのです。

その宝もの探しを徹底的にしたことは「I」で述べました。

もし小樽運河が無用の長物ということで全てを埋め立てられていたら、今のように観光客が押し寄せているかどうかは疑問です。今からすると信じられないことですが、当時、運河も倉庫群も、すでに役割を終えたものとして大切な地域資源とは見られていませんでした。

小樽のガラス工芸は、漁業と不可欠です。というのは、漁具の浮き玉はガラス製でした。ニシン御殿があちらこちらに建っていた頃、その生産は追いつかないほどでした。また、近代化の象徴である電気の普及が遅かったために、ガラス製のランプは日常生活に欠かせないものでした。

その後、電気が普及し、ニシン漁がかつての勢いを失っていくに従って、ガラス製造も縮小していきました。

しかし、伝統は簡単に廃れるものではなかったのです。それまで実用品に特化していたガラス製品から、デザインや品質にこだわる「工芸品」「美術品」に変化させていったのです。小樽観光の目玉になっている運河、倉庫群、ガラス工芸品は、とって付けたものではありません。その土地に根づいていたものです。いわば、宝ものだったのです。利活用されることをじっと待っていたのです。

まさに、ストーリー（物語）なのです。

ここで私が実践したことは、差異を創ったことです。自分のまちの領域を持ち、これまで見えていなかったものに目を向けさせ、その中から「存在感」のあるものを見つけ出し、価格・値段をつけ稼ぐ工夫をすること。資本主義の基本的な行動基準は、違いを創ることです。

余談ですが、こんな話があります。

ケインズの「美人投票」です。１００枚の女性の写真から最も美しい人を6枚選ぶとします。その選択が投票者全員の平均的な好みに最も近かった人に賞品を出すというコンクールがあった場合、各投票者は賞品を獲得するために、自分の好みの写真を選ぶのではなく、他の投票者が選ぶであろうと思われる写真を選ぶというのです。

株式・金融市場においては、有効な投資方法とは、「美人投票」と同様に、業績のよい銘柄（美人のこと）が競い合うのではなく、投資家が利益を目指して競い合うものなので、投資家の多くが選ぶであろう銘柄を予測して投資することだといわれています。

8　まち分析は「五感」で

言うまでもなく、昔からのものが全て優位性を持つという単純なものではありません。研いても研いても輝かない石があるように、地域資源に光ることのないものもあります。

そこで重要になるのが「見る目」です。「目利き」と言っていいでしょう。将来性を見抜く目です。こう言うと、すぐに立派な学歴・資格を有する、いわゆるコンサルタントに調査を丸投げしてしまうことも少なくないでしょう。私は、そうした専門家の目を否定するわけではありませんが、最後に決めるのは、その自治体に住み暮らす人であり、行政の職員であり、首長だと考えます。

もしコンサルタントのいうことが全て正しいのならば、それらの人たちがまちを運営すればいいのです。現実はそうではありません。会社経営でもコンサルタントのいったことを疑わず、つまり自分たちなりに消化せず、そのまま実行して酷い目にあった例はたくさんあります。会社経営もそうですが、まちを創造するのはそこにいる人たちなのです。

無論、数字は分析に際しては重要です。しかし、数字はあくまでも過去のものであり未来を約束するものではありません。未来が現状の延長線上で進むのなら誰でも予測はできます。未来は現在の延長線上にあるのではありません。未来を約束するのは、そこに住み暮らす人の覚悟と協力・支援する行政の本気度です。

私が小樽市の実状を知ろうとした時、市内全域の現場を回り、そこにいる人たちと対話し、その人たちの息づかいを肌で感じ取ろうとしたのはそのためです。もちろん、自分の感覚だけではなく、上司・先輩・同僚、それに多くの市民の皆さんの意見を聴き、それらを総合して自分なりの答えを出しました。

バブル時代、銀行は湯水のようにお金をあちこちに貸し付けていました。ところがバブルが弾けると一転して、融資に慎重になり、土地・建物といった目で見える資産がないところに融資をしないといって批判されました。

企業経営上、それ自体で「銀行は冷たい」と一方的に批判されるべきことではありませんが、目に見える担保物件だけで判断していたのでは、銀行の大事な社会的役割の一つである「将来性のある企業を育てる」ことはできません。

地域の活力は、そこに住み、暮らす人たちや学校・企業・行政といった「組織・集団」のやる気がいかに集積されており、それを醸成する雰囲気ができているか否かです。

そして、その醸成する雰囲気づくりに最も貢献できるのが行政であり、金融機関なのです。地方銀行が疲弊していることが問題になっていますが、その原因はマクロ的には少子高齢化といった大きな要因が影響していることは事実です。その沈滞した雰囲気を打破する力をもっているのが地方銀行や信用金庫であることも事実なのです。

私が小樽市経済部の時、将来性があると見定めた起業予定者と銀行や信金を尋ねて協力・支援を一緒にお願いしていました。市役所職員なのに、やり過ぎという批判もありましたが、私の話を信じていただけるかどうかは相手（銀行・信金）の問題と考えていました。

アメリカにはエコノミック・ガーデニング方式という地域活性化策があります。最先端の情報を的確につかみ取り、それを地元の企業・業界に流し、企業家精神あふれる地元の中小企業が活躍できるビジネス環境を創出し、地元企業を育成しようとする政策のことです。

まち「五感」分析から希少性ある地域資源を発見し、現在の地場産業振興と、未来に向けた地場産業を創発したいものです。

9 「六育」バランスがなぜ大事なのか

まちを創るということは「ひとを育む」ということです。私は人のどの能力を育てるかに注目したまちづくりモデルを提唱しました。既述のように六育とは「知育」「食育」「木育」「遊育」「健育」「職育」のことです。

「食育」というと「地産地消」の意味に捉える人が多いのですが、それもありますが、それだけではありません。甘味、酸味、塩味、苦味に加えて、日本独特の「うま味」を体験させることなのです。それを地域の食材を使い実施するものです。そうして地域産品への愛情が生まれることでしょう。

「木育」は、木に代表される自然体験です。日本は森林面積が国土の約7割という、いわば「木の国」です。木の持つ温もりや癒し効果を体験していただくものです。これも地域への愛情を醸成します。

「遊育」は、遊びの中から重要なことを学ぶということです。30年ほど前に『人生に必要な知恵は全て幼稚園の砂場で学んだ』という本がベストセラーになりました。そこには「人生の知恵は大学院という山のてっぺんにあるのではなく、日曜学校の砂場に埋まっていたのである」と書いてあります。

「知育」は、知り気づきの機会の創発や、知性を養うことです。本を読み、人の話をよく聴き、教養を身につける。このことの重要性を否定する人はいないでしょう。

「健育」は、健康を維持する能力を身につけることです。これもあれこれ付け加える必要はないでしょう。

「職育」は、あらゆる人が仕事を通じて地域づくりの一環を担うことができることです。いわば、「六育」のバランスをとることで、偏りのない人を創るのと同じように地域創生にもこの考え方を応用しようというものです。

これは全体最適思考にも通じます。地域の強さは突き詰めれば「総合力」です。違う側面から見れば「危機管理」ができているということです。Aがダメな時はB、Bがダメな時はCという具合にです。

10 全体最適思考が成否を決める

地域づくりの方法として、ひところは、一村一品運動や日本一づくり運動が盛んに取り上げられました。その頃、一部の地域では独自に政策立案し実践していましたが、ほとんどの地域は、それらが優れた手法として活用されていました。

それは小さな一地域を盛り上げるのには有効でしたが、各地域間の連携に結びついていかなかったために、意識改革には成功しましたが、地域経済の拡大という点では大きな効果を上げることはできませんでした。但し、これらの運動がひと育てに寄与したことは成果でした。

地産地消ということも話題になりました。しかし、その地域だけではまかなえないものもありますから、地域経済の広がりという点では効果がありませんでした。地産地消が地産来消（商）あるいは外産地消（商）、外産外消（商）、互産互消（商）と発展していけばよかったのですが、今のところはそうなってはいません。

また農商工連携ということもいわれています。そのための法律もできました。これを成功させるためには、連携すればいいというものではなく、消費者が何を求めているのかということを多岐にわたる視点で調査・分析しなければなりません。

さらに、本書でも繰り返し説いているように、連携主体の強み・弱みも互いに理解しておく必要があります。すなわち言葉で「農商工連携」といっても、実は成功のハードルは高いのです。

6次産業化という言葉もあります。これは東京大学の今村奈良臣名誉教授が提唱した概念です。当初は足し算の「6次産業」でしたが、農業がゼロになれば6次にはなりませんので、今は掛け算で考えるようになっています。これも法律としてバックアップしようという動きになりました。

しかし、第1次産業の主体が加工・販売を行うというモデルであるために、スタート時点でのハードルが高く、現在進行中ですが、実績を上げるには厳しいというのが実状です。

その後、ファンドを活用する手法も生まれました。安倍内閣の発足後、地方版総合戦略を各自治体が策定するよう求められました。企業では普通のKPI手法も地域づくりに取り入れられました。ここで画期的なことは、国として地方創生の鍵は人財養成が急務ということを打ち出したことです。

「中心市街地が活性化すれば」「工場・企業が来てくれれば」「大学があれば」「温泉があれば」「レジャー施設があれば」等々のことが地域活性化策として当たり前のようにいわれてきました。しかし、それらはどれも失敗しました。当初、目論んだ目標からは程遠い状況です。

確かに、活性化した商店街もあるでしょうし、企業誘致に成功したところもあるでしょう。しかし、問題はそれが地域全体の活性化につながったかどうかをよく見るべきなのです。

企業競争などでは「一人勝ち」というのは称賛の対象ですが、地域全体で見た場合、一つの企業だけの地域というのでは成功とはいえないでしょう。もちろん勝った企業が悪いわけではありません。その企業も巻き込んだ地域全体のプロデュース力の不足なのです。

企業などの組織は、自らの目標に向かって進んでいます。そして、目標を達成できれば成功ということになります。学校関係者も自分たちの学校のレベルアップを目指します。個人も同じことです。

それら個々の力を束ねるのは、地域でいえば、自治体の首長の責任です。何しろ、「我がまちの事は任せました」と皆さんが選んでいるわけですから、首長は安心・安全な地域全体のレベルアップをすることが第一の責務です。

だから何よりも首長が地域の「全体最適」実現のために奮闘しなければなりません。その自分を支えてくれる人財を養成する責務も首長自身の仕事です。

では全体最適の仕事は首長の責任だからといって、他の人は無関心でいいのか、何もしなくていいのかというと、そんなことはありません。全体最適が実現しなければ、そこに住み暮らす人たちは歪《いびつ》な地域で暮らすことになるからです。

ある地域はお金持ちがたくさんいて、環境も整備されているが、ある地域は不便でどうしようもない、というのでは、皆さんが誇りが持てる地域にはなりません。また、誰もそんな不便なところには住みたくないでしょう。

個人、個々の組織は放置すれば、自分のところがよければいいという「部分・個別最適」に向かって動いてしまいがちです。そうならないようにするためには、願わくば全員が「全体最適」の思考で実践行動してもらうことが必要なのです。

11　地域人財の養成

どんな事業においても人財が欠かせないということに誰も異論はないでしょう。養成せずともプロデュースができる人もいます。しかしながら、なぜそういう人たちが必要なのかということを体系的に解説したものはないといえます。行政でも企業でも「人財養成」を掲げるところは多いのですが、研修業者に依存して、組織全体で取り組んでいないところが少なくありません。

ところで、なぜ人財塾のような場を設ける必要があるのでしょうか。優れたプロデューサーがいればそれで事足れりではありません。少数の有数な人だけでは仕事はうまくいきません。優れたリーダーがいたとしても、その人とともに実践するスタッフが、その人をリーダーとして認めなければ事はうまく運びません。

どんな組織でもチームリーダーが最も腐心するのは、自分を構成員がリーダーと認めてくれるかどうかなのです。よって例えば人財塾という一つの場所で一緒に学ぶ必要があるのです。成果を上げるためにはリーダーや、プロデューサーが必要だということ、実際に動くスタッフが必要だということを、関係者は共通で理解しておく必要があるのです。

「一所懸命やっているのに成果が上がらない」という嘆きはよく聴きます。多くの失敗事例、うまくいっていない事例を見ると、そのほとんどが、正しい手法・プロセス・やり方に基づいて行われていないことがわかります。順番違いや全体最適思考の欠如もありますが、リーダーやプロデューサーとして活動することの発想自体が欠如していたことも少なくないのです。プロデューサーの仕事をチームメンバーが理解していなければ、いくらリーダーやプロデューサーが張り切っても効果は上がりません。

一定期間、様々な職業、年齢層の人たちが一同に集って、同じテーマを共に学ぶからこそ、一体感が生まれ、塾終了後の強力な「ひとネットワーク」が生まれるのです。

人財養成は地域創生の事業構想と車の両輪のように進めていくべきです。というのは、人財養成塾で学んだことを並行して進んでいる事業構想の実行段階で実現していくのです。学び、実行する過程で学びの足りなかった点、実行する場合との齟齬等々、体で学ぶことがとても大事なのです。

ではプロデューサーとはどんな役割か、ということです。

先行するまちの調査・分析をし、今後強化するべき産業は何なのか。そこに関係する産業の起業者や創業者の意欲を高め、ストーリー性、こだわり、まちのストーリー化やドラマ化、地域間の産業連携等々につながっていくわけですが、それらは行政職員はもとより首長一人だけではできません。

地域のことを広聴、傾聴、対話、広報ができて、実学・現場重視の視点を持った、かつ事業構想力のある、調整力に長けた人財が必要なのです。それを担うのがプロデューサー人財なのです。

首長自身がプロデューサーというケースもあるでしょう。しかし、その場合、なおさら、実際に動く行政職員に、プロデューサーに求められている能力を理解し、そういった思考を持って仕事ができる能力が必要なのです。

もちろん全ての人がプロデューサーである必要はありません。しかし、プロデューサー的思考を備えておくのとそうでないのとでは仕事のやり方、進め方、もちろん成果にも大きな差が出るのです。

そしてプロデューサー的思考が必要なのは行政職員だけではありません。青年会議所、商工会議所、商工会、農協、漁協、金融機関、学校関係者等々、地域づくりに携わる人の全てに必要なのです。特に民間の場合、自分の会社や団体のことを優先的に考えがちです。それでは、「全体最適」の足を引っ張ってしまいます。そうならないためにも、全体最適思考を常に考え実践行動するプロデューサー的思考が必要なのです。

「大局観を持った実践家」ほど強いものはありません。大きく捉え、小さく動くためにも必要なことがプロデューサー的思考なのです。

それから行政職員で優秀な人財を「スーパー公務員」ということがいわれますが、本質を理解していない人が多いようです。

知事や市町村長は選挙で選ばれていますから、ある意味、目立つことも必要といえるでしょう。平松守彦さんが大分県知事になって、自ら地域のセールスマンとなって、カボスと焼酎をＰＲしながら飛び回りました。これで大分県は一気に有名になりました。首長にはそうしたトップセールスなど大きな役割があります。

しかし行政職員は違います。行政の仕事は、ほとんど全てが「チームワーク」で行うものです。たとえ、いいアイディアを出したとしても、ハンコを押してくれる人、すなわちそれを認めてくれる人がいなければ何もできません。

私たちは「偉人」が好きです。坂本龍馬、西郷隆盛、最近では渋沢栄一、逆に時代を遡れば、地域おこしの例として引き合いに出される二宮尊徳や米沢藩の上杉鷹山等々。

上杉鷹山には細井平洲という師匠がいました。その平洲先生には中西淡淵先生という折衷学者がいました。西欧最大の哲学者アリストテレスにはプラトンがいて、そのプラトンにはソクラテスという師匠がいました。西郷隆盛には島津斉彬、坂本龍馬には勝海舟等々、「偉人」とて、いきなり偉人になったわけではありませんし、それらの人の功績はその人一人で成し遂げたわけではありません。

私たちは、そうした人たちの人間関係づくりにもっと学ぶべきだと考えます。いかに（いい意味で）「人たらし」であったか、もっと知り気づくべきです。

その「人たらし」の方法は行政の仕事、地域創生の仕事に生きるのです。

スーパー公務員は「名黒子役」「スーパー黒子」なのです。

そしてここでも「全体最適思考」の理解が基本となるということを添えておきます。

12　広聴・傾聴・対話・広報　映画を創る

私が当初、映画・映像創りのことを言い始めた時、周りは多少冷ややかでした（笑）。

「今度は、木村は何をやろうとしているんだ」という雰囲気でした。そんなとき、私は「五感六育®」を理解し実践してもらうのはなかなか難しいと考えていました。映像・映画というのは、視覚・聴覚に訴えることです。また大きな映画館で見れば、迫力のある音響も加わり、触覚にも訴えることになります。

文字による解説もできるだけ視覚に訴えるようなものが効果的です。パワーポイントのスライドを見せられただけでは、理解はされません。そこに音声による解説がついてこそ初めてそのスライドに書かれていることの理解が可能になります。

映像には静止画の写真もあり、動画の映画・テレビがあります。以前は文字が中心だった行政広報も写真が多く使われるようになり、内容の理解促進に役立っています。しかし効果ははるかに動画映像が優っています。

動画制作には静止画写真の制作の数倍、数十倍の費用がかかります。まして、俳優が登場する映画はさらにその数倍の費用がかかります。

ですが、映画は「総合芸術」といわれるように、映画を創る過程の中に、地域創生に必要なことが全て盛り込まれているのです。

企画、監督、助監督、脚本、出演者、スタッフ、エキストラ、撮影場所、撮影時間、衣装、小道具・大道具、撮影機材、スポンサーの獲得等々、地域創生の全工程がこの中に入ってい

るのです。（図表15）

映画の制作を実施することで、それまで培ってきたもの、すなわち自己分析、自己理解、他者理解、相互理解、広聴、傾聴、対話のうえ広報し、広聴を繰り返してのまち分析、事業構想といった地域創生のプロセスがここに集大成されるのです。その効果は、絶大なものと、考え、私は地元の皆さんによる全体最適な「五感六育®」映画の作成が重要と考えています。

図表15　地域創生と映画制作の実現

「映画制作のプロセスを地域創生モデルへ」

映画制作「脚本」プロセスは、自治体や経済団体等の役割分担・出番創出、事業構想のストーリー（物語）。部分・個別最適ではなく、全体最適思考で五感分析、基幹産業分析し、「ひと・こと・もの」重視による「五感六育®」の地域創生モデルを実現してするもの。

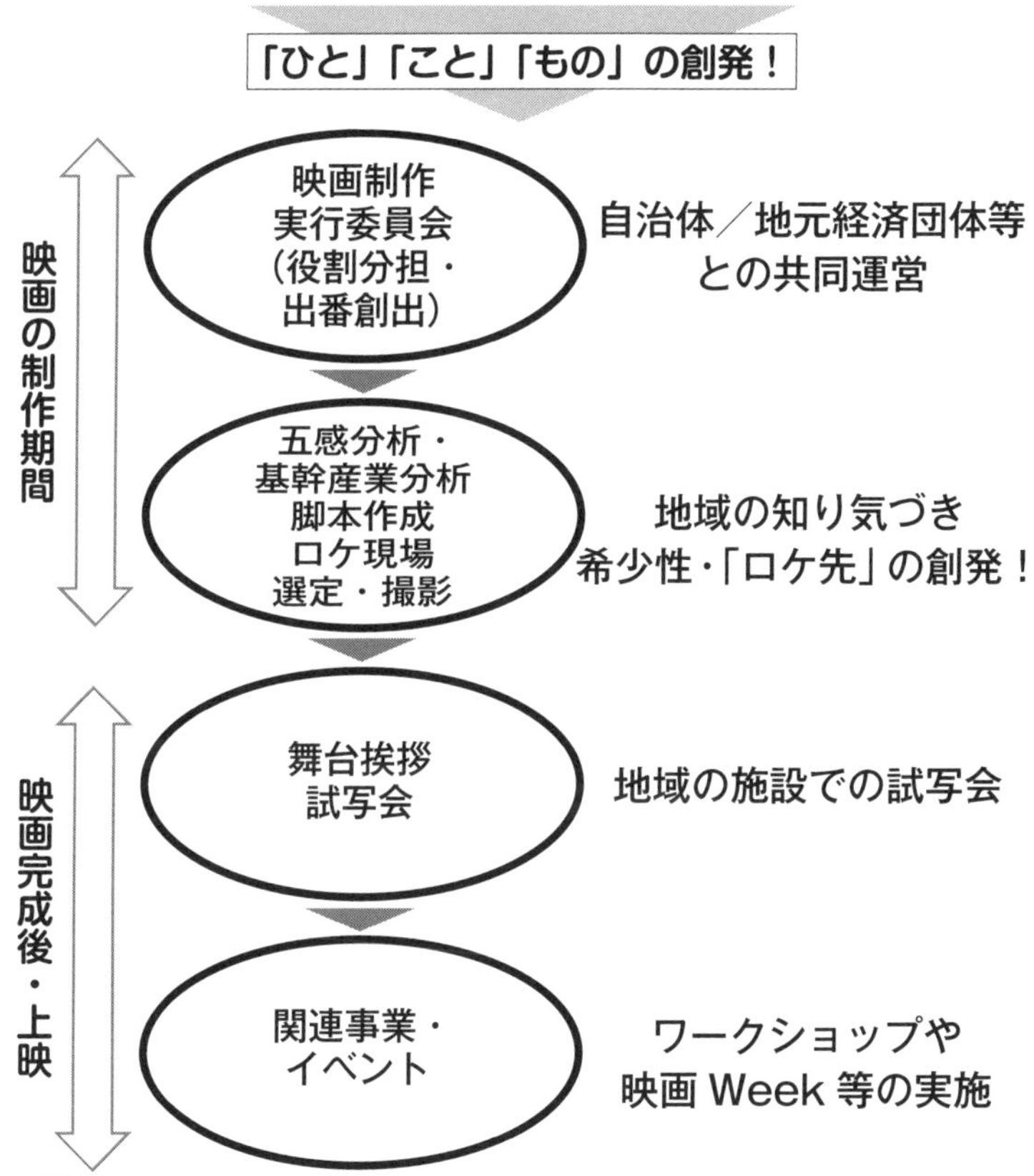

（著者作成）

第2章　地域創生「五感六育®」モデルの創発

現在、単発の地域創生研修会やセミナー等に呼んでいただくより、次のとおりひとつの自治体や経済団体等に3年間入り、事業構想と実践をしています。(毎年5回程度〈1回1泊2日・2泊3日〉)

同時に、人財養成プログラムを推進して持続可能な地域の実現を目指しています。

1年目　実学現場重視「五感六育®」分析
　　基幹産業ヒアリング・総合的な分析結果
　　広聴・傾聴・対話↓広報・広聴／発表
2年目　実学・現場重視分析結果を基にして政策立案(2つ以上)、調整
3年目　政策決定、実践行動、検証／発表

3年間で地域が持続でき得る民官の人財養成を図ることが重要なのです。

1　美しい農村景観を活かしたまちづくり─北海道美瑛町─

北海道美瑛町は北海道のほぼ中央にあり波状の丘陵と緑豊かな自然環境が魅力的なまちです。面積は東京都23区の広さで、約7割が山林、約2割が畑地で「丘のまち」の美しい景観を有しています。しかし昭和40年頃2万人いた人口はほぼ半減し、令和元（2019）年9月には8848人になりました。

そこで同町は、フランスの事例に学び、地域資源を有効に活用し、自立を促すため、平成15（2003）年に「住み良いまち美瑛をみんなでつくる条例」を制定し、17（2005）年には全国7町村と連携し「日本で最も美しい村」連合を結成し、現在では全国60町村が加盟しています。その活動は国内にとどまることなく、「世界で最も美しい村連合会」にも加盟し、その活動を海外にも広げています。

農業をめぐる情勢は依然として厳しいものがあります、同町は「JAびえい」と協働し、美瑛町酪農・肉牛生産近代化計画を策定し、将来の酪農、肉牛経営の健全化を目指して、畜産クラスター計画に取り組んでいます。

また観光戦略にも熱心に取り組んでおり、その成果は観光客入り込みが約数226万人、宿泊者数が19万2000人という数字にあらわれています（2018年）。

山麓に広がる波状丘陵地帯はテレビCMやギャラリー等で紹介されており「丘のまちびえい」は確実に知られるようになっています。単に観光客を呼び込むだけでなく、観光客マナーの向上にも力を入れ、「美瑛観光ルールマナー110番」を設置し、観光客の増加が地域の人たちの反発を招かないようにしており、観光公害が問題視されているなかこれは実にいい施策といえるでしょう。

地域創生には継続性・持続性、強み・希少性を対象に創発する、すなわち掘り起こし、深堀り、研くことが大切です。ここで持続するためにも「五感六育®」分析が重要といえるのです。

ちなみに日本で最も美しい村連合は、美瑛町・赤井川村（北海道）、大蔵村（山形県）、大鹿村（長野県）、白川村（岐阜県）、上勝町（徳島県）、南小国町（熊本県）ほか、です。

また世界的運動である「最も美しい村運動」は1982年にフランスで始まりました。その動きはイタリア、ベルギー、カナダに広がり2003年にその連合体である「世界で最も美しい村連合会」が設立され、日本も2010年に加盟しました。

なお、日本では、先述の町村以外、現在、次の町村が加盟しています。

北海道　鶴居村　京極町　黒松内町　滝川市　江部乙　江指町　清里町　中札内村
青森県　田子町　佐井村　弘前市岩木　西目屋村
秋田県　小坂町　東成瀬村
山形県　飯豊町
福島県　飯館村　北塩原村　三島町　大玉村　昭和村
群馬県　昭和村　中之条町伊参・六合
山梨県　早川町　道志村
静岡県　川根本町
長野県　中川村　南木曽町　小川村　池田町　高山村　原村　伊那市高遠町
岐阜県　東白川村　京都府　伊根町

奈良県　曽爾村　十津川村　吉野町
兵庫県　香美町小代
岡山県　新庄村
鳥取県　智頭町
島根県　海士町
愛媛県　上島町
高知県　馬路村　本山町
福岡県　星野村　東峰村
長崎県　小値賀町
大分県　由布市湯布院町塚原
宮崎県　綾町　椎葉村
鹿児島県　喜界町
沖縄県　多良間村

　この手本となったフランスの「最も美しい村協会」では64村で1982年に始まり、2019年現在159の村が加盟しています。ベルギー・ワロン地方は30の村が「ベルギーの最も美しい村」として登録されています。イタリアでは281、スペインでは79の村が、それぞれの国で認定されています。

　この美しい自然環境をいつまでも持続させるため、ストーリー性ある「五感六育®」モデルを国内外で展開したいものです。

2　稼ぐ農業プロジェクトの創発―群馬県富岡市―

　群馬県富岡市は人口4万8226人（令和2年2月1日現在）、農業就業人口は1638人、総農家数は2087戸、うち自給的農家は1172戸、農業出荷額は約48億円（平成29年）のまち。古くからの蚕業地であり、明治5年には日本初の官営製糸工場である富岡製糸場が建設されました。同製糸場は世界産業遺産に登録され、同市の観光のシンボルとなっています。

　昭和15（1930）年の40万トンをピークに繭生産量は平成14（2002）年には168トンにまで落ち込み衰退は誰の目にも明らかになっています。

図表16　富岡市 稼ぐ農業ビジネス 2019年度からの事業構想と実践

世界の動向
□環境の保全・CO2の削減
　⇒SDGｓ（目標・2030年）
□もったいないをなくす！
□安心・安全
□食料の確保（農業振興）
□国・地方組織体制（しくみ化）など

日本の動向
□人口減少・少子高齢化
□地場産業の衰退
□首都圏へ人口流入
□地方からの人口流出（若年層等）
□地域経済の低迷
□地方の人財不足・雇用難　など

群馬県富岡市の取組（案） ※稼ぐとは？（販売戦略、コスト・エネルギー削減等）
⑴ひと　人財養成プログラムと実践（指導者養成・研修制度・表彰制度）
⑵こと　販売戦略（市場開拓・Eコスト削減・支援制度・農泊・農家レストラン）
⑶もの　新たな農作物、商品開発（販売からみた旬ごよみ（農カレンダー））
（検討事項）　※ストーリー（物語）の創発
☆JAとの協働（いつ市場に何を出すのか戦略）　☆JA市場の開拓
☆特産品の開発（ブランド化、希少性・日本一）　☆後継者の養成
☆規格外農作物の活用（農泊・農家レストラン、農福連携、屋台村、朝市）
☆高付加価値化（地元加工業等との連携）　☆外国人労働者の受入れ

（著者作成）

そこで同市では富岡シルクブランド協議会を設立し、

①明確な作り手の顔が見える安心安全なシルク、

②歴史と伝統が息づく富岡製糸場で育まれたシルク、

③ヨーロッパが高く評価したクオリティを受け継ぐシルク

の3つを満たすものを「富岡シルクブランド」として活性化を図ってきました。

平成31（2019）年4月、群馬県富岡市は「行政経営改革プラン」を策定し、その基本施策に「稼ぐ力の強化」を掲げました。そして農業振興や後継者不足の解消のため、稼ぐ農業を事業構想し実践することになり、同市は東京農業大学と

産官学連携の協定を締結し、私はその初動から関っています。（図表16）

具体的には市内若手農業者等を中心に、地元農業の現状把握、問題点・課題整理を行い、生産・流通・販売体制の確立を目指すことにしました。

富岡市の場合、すでにある製糸業を掘り起こし、さらに研きをかけようとしているわけですが、それを地域の「農業」や「産業」という広い視点で捉え「稼ぐ」という、目に見える具体的な目標を掲げることで、地域全体の問題・課題として取り上げているのです。さらに、令和2年から4年までの「3年間」という時間を区切り、ストーリー（物語）性のある事業構想の実践と持続に必要な人財養成を実施するものです。

3　基幹産業の活性化に成功―茨城県行方市―

茨城県南東部、霞ケ浦と北浦に挟まれた地域にある、人口3万4430人のまち（令和2年2月1日現在）。人口減少が続いており、課題は地域産業を活性化することにありました。中心となる産業は農業。しかし専業農家が減少している上に後継者不足。耕作放棄地も増え、その対策も急務でした。

同市にはサツマイモの洋和菓子、たこ焼き、レストラン経営を主事業とする白ハト食品工

図表 17　なめがたファーマーズ・ヴィレッジ事業成果

- **年間 21.5 万人の来場者**（2016 年 11 月）→新たな交流人口の増と経済効果大（2015 年 10 月 30 日オープン） 2018 年度 23 万人
  ＊将来は 40 万人来場を目指す‼
- 新規雇用者 200 人うち 150 人を地元雇用、市内へ若手移住者あり。（20 代の農業後継者が変わる）
- 商業棟＝イタリアンレストラマルシェ、らぽっぽ（サツマイモのスイーツ）
- ミュージアム棟は、サツマイモの歴史や効能などの PR、学校教室の再利用で面影を残す（「地元の想い」への対応）
- **耕作放棄地の解消**
  周辺の耕作放棄地を農業体験圃場・貸農園に再整備
  総面積 60ha

（行方市提供資料により作成）

業株式会社（全国１０９店舗、海外7店舗）を中心に地域全体の底上げを図ろうと、地域ＪＡ、周辺農家とともに農業生産法人「株式会社なめがたしろはとファーム」を設立し、「なめがたファーマーズヴィレッジ」構想のもと地域資源を活かした商品開発、高付加価値のブランド商品化を目指したのです。（図表17）

具体的には小学校跡地に加工工場を建設し、平成27（２０１５）年10月ＪＡ、食品会社、農業生産法人各社のネットワークを構築し、さつまいもスイーツを製造、全国販売するなど、「第6次産業化」を進めることにしたのです。

また工場には加工機能だけでなく、体験・交流機能も持たせることで交流人口を拡大し、地域のブランド力の向上、地域農産物のブランド化を目指しました。

白ハト食品工業の大学イモは全国シェアの8割を占め、冷凍大学イモや冷凍焼きイモはコンビニに出荷されており、着実にその地歩を固めています。

この一連の施策の特徴は、6次産業化、「五感六育®」の切り口がありますが、これを通じて各関係団体のリーダーシップ力、役割分担、出番創出や事業構想力が芽生えてきたということです。

さらに特筆すべきは、総合戦略の策定に際してコンサルタント業者に委託せずに自前で行ってきたということです。市民はじめ、議員や職員が意見を出し合って、それを集約して計画を策定しました。

人口減少等の目の前の危機からの脱却に焦らず、また安易な企業誘致や移住策をとらず、地元企業・産業の活性化と市民の定住化を中心とした計画を策定し、全市一体となって取り組んでいるところです。

4　北海道中頓別町（五感六育分析の具体例）

図表 18　五感分析と産業付加価値額順

五感分析

	春	夏	秋	冬	通年
食	行者にんにく（アイヌネギ）、山菜（ウド、タラの芽、わらび）、シラカバ樹液、ヤマメ	夏野菜（個人）、はちみつ、厚生園ミニトマト、ソフトクリーム、なかとんソフト、にんにく（7月中～下旬収穫）	きのこ、厚生園しいたけ	シカ	チーズ、牛乳、牛乳豆腐、厚生園しいたけ
観光	シバザクラ、チシマザクラ、鍾乳洞	山開き、砂金体験場、鍾乳洞、水風船キャッチ、ハイジの丘、北緯45度夏まつり、大畑山展望台、寿公園	めぐみフェア、大畑山、酪農祭	北緯45度しばれまつり	ジンベイ窯、温泉アカエゾマツ旧丹波屋旅館野生動物
体験	山菜採り パークゴルフ（夏にもあるが…）	渓流つり、スキー、カヌー、砂金堀り、登山、パークゴルフ、化石発掘、山村留学、水泳、マラソン	キノコ狩り、鍾乳洞トレッキング	スキー、バックカントリースキー、スノーシュー、スノーモービル、登山、薪ストーブ、スノーボード	移住体験、もうもう体験酪農体験
他	樹木のアロマ	盆踊り 町民ソフトボール大会	町民文化祭町民駅伝大会中学校ハワイ語学研修学芸会、学校祭		堆肥、ジンベイ窯、イベント音響、（POS）

産業付加価値額順（RESAS：地域経済分析システム）

・RESASのデータでは秘匿値が多く、付加価値額資料からだけでは正しく評価できないため、大分類の数字と過去に作成した資料からおおよその順位を求めたもの

R1_2016_中分類（太字部：予想値）　　百万円

1	**医療、福祉**	**社会保険・社会福祉・介護事業**	**385**
2	建設業	総合工事業	133
3	**サービス業（他に分類されないもの）**	**廃棄物処理業**	**71**
4	**製造業**	**木材・木製品製造業（家具を除く）**	**67**
5	**建設業**	**職別工事業（設備工事業を除く）**	**61**
6	卸売業、小売業	飲食料品小売業	51
7	**学術研究、専門・技術サービス業**	**技術サービス業（他に分類されないもの）**	**47**
8	**農業、林業**	**林業**	**45**
9	卸売業、小売業	その他の小売業	38
10	宿泊業，飲食サービス業	飲食店	27

（中頓別町提供資料により作成）

5 北海道根室市（五感六育分析の具体例）

北海道道東・根室市。北方漁業の基地。若者の市外への流出が止まらず、地場・中小企業は慢性的な人手不足。漁業環境も厳しい。

この状況下で策定されたのが根室市創生総合戦略です。これは「産官学金公民」が連携し、市の現状・課題、あるべき姿、目標にむけた取り組みを事業構想し、実践行動するためのものです。さらに基本理念を「地域資源の活用による自立型地域経済の実現―地域力強化による産業発展と雇用の創出―」と定めて産業振興施策を展開中です。また、長期的な人財育成のために設けられたのが根室人財育成塾「これからの根室を創る」です。その塾の中で作成したのが、下記のような「五感分析」「六育分析」です。

【五感分析・将来像】

・人の手で育てる、価値を高めなどより工夫を図と共に新たな人財の育成、雇用を生み出していく、事業や拠点整備・推進。
・水産系のアラ・殻は肥料飼として農業酪も活用されおり、農・水の循環型「オール根室」で製品化ブランド推進。農・水の循環型「オール根室」で製品化ブランド推進。
・小売業・製造、飲食にとって漁の獲量影響を受けくい商品必要性。同時に旬・季節合わせた商品の必要性。通年限定と差別化を図りつつ、周知・流通販路等拡大推進。
・北方領土視察や自然観光など、天候に影響を受ける。ハード面での整備図ると共に、悪天候時でも気づきや学び、感動体験へと繋げられるソフト面の充実を図る。
・小売や宿泊飲食といった顧客直接対話する業種、ＩＣＴを活用した新たな業種が連携したサービスの充実。
・音楽を活用した地域づくり、サービス教育の充実。

【六育分析・将来像】

食育：根室を豊富な「食材」の街からへ。
遊育：新たな遊び方、楽しみを創出する機会。
知育：基幹産業の主要素である水に関す：基幹産業の主要素である水に関する学びの機会を増やす。
木育：自然を活かす。
食品に関して高級なものは「木箱」のイメージ、より木箱が活用できる商品開発の機会
健育：根室食材の栄養価情報や、味付け調理に工夫を行い、健康推進機会
職育：３K 職場への改善やイメージアップ機会

（根室人財育成塾提供資料により作成）

6　奈良県御所市（五感六育分析の具体例）

□実践事例：御所市農産物ブランド化事業『実施主体：御所市地域農業再生協議会』

○御所市では吉野川分水の恩恵を受けた高品質な農産物を生産できる一方で、農業者の高齢化や自給的・兼業農家が大多数を占める農業構造により、高付加価値化や販路開拓が進まず、農業者所得は低い状況。
○農業者所得向上、地域の魅力発信、後継者養成等の地域課題解決に向けた取組をすべく、JA・県・市が連携して地域農業再生協議会を結成。
○農業者と連携して御所芋の六次産業化の取組や分葱、紫とうがらし、宝楽ししとう、オクラ等の野菜を協議会において共同出荷・販路開拓に向けた取組を推進。
○この他、生産物を御所野菜としてブランド化する認証制度や商品のGI申請等を通じ、農産物の高付加価値化に向けた活動を力強く実施。

【一段階】
○品種の特定
○生産体制の確立
○担い手の確保
○栽培方法の確立
○コンセプトの策定等

【取組・成果】
○大和芋、分葱、ししとう、オクラ等に対象を設定
○生産品目ごとの部会を設置
○農業者約30名が参加
○栽培日誌の共有、県・JAを交えた研究を開始

6次産業化商品第一号
御所芋焼酎「みかけによらず」

【二段階】
○高付加価値化
○販売経路の確立
○販売手法
○市場調査
○ＰＲ活動
○商品の差別化　等

【取組・成果】
○御所芋焼酎の販売、
御所柿のGI申請、ブランド認証制度の設定
○共同出荷、売込み
○地域の理解と応援気運の醸成
○直売所へヒアリング

【三段階】
○都市と農村の交流の活性化イベント
○栽培技術の継承
○新規就農者の増加
○知名度の確保（検定協会への出品等）
○作付面積の拡大
○メディアへ展開　等

【取組・成果】
○農フェスやマルシェを通じたブランドPR活動
○金剛葛城山麓地区農泊事業の開始
○販売日誌の整理、技術・種等の承継
○焼酎の勢いを受けて御所芋の作付面積が約２倍に

オクラやシシトウの共同出荷・販路拡大を目指す「多品種部会」のメンバー

市内農地約１０８４haのうち、約８６haある耕作放棄地の解消や産業・経済・人口の活性化、新規事業者・市民の愛着の創出を目的とし、農産物のブランド化を推進する。

⇒　御所野菜のブランド化を通じて、
①一人ではできないことを協力で実践・挑戦できる地域
②みんなで評価し合って、労をねぎらい合う地域
③「ひと」「こと」「もの」をみんなで守っていける地域を目指す。

御所ブランド野菜の共同出荷

（御所市資料）

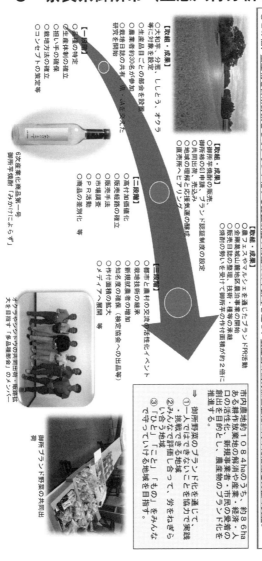

図表19 五感分析・現状分析・六育バランス現状と将来像

1 現状—五感分析—

五感	食	観	聴	体	香
春					
夏					
秋					
冬					
分析					

⬇

将来像					

2 現状分析—付加価値額ランキング—

順位	1	2	3	4	5	6	7	8	9	10
業種	製造業	医療福祉業	卸売小売業	建設業	サービス業	運輸業	学術研究専門技術サービス業	生活関連サービス	不動産物品賃貸	宿泊飲食
付加価値額										
主な企業										
現状										

⬇

将来像										

3 六育バランスの現状と将来像

	食育	健育	木育	食育	遊育	知育
現状						

⬇

将来像						

（著者作成）

第3章　地域創生と人財養成プログラム

―いま求められる地域リーダーとは―

地域人財養成にはどのようなプログラムが必要なのでしょうか。実践的な地域人財育成が満たすべき要件を地域創生概念から考えると「地域性」「総合性」「具体性」ということになります。

地域性は、その地域のことを徹底的に知り尽くすプログラムです。地域はどこでも同じではないことから、全国で均一な研修だけでは不十分です。

総合性は、地域創生を実践するためのスキルが包括的に学べるものです。地域創生では全体像がわかっていなくてはなりません。個別の能力を別個に学ぶほか、スキルをいつどのように使うかも身につける必要があります。地域内、地域間の連携のための能力も重要となります。

具体性は、地域創生の現場で使える方法・ツールを獲得することです。体得した能力を発揮するためには、具体的な方法・ツールが必要であり、実践によって検証することが重要となります。

普遍性と個別性を備えた従来型研修は、当然「地域性」と「総合性」を満たさず、実際は「具体性」も満たしていません。先進型研修は、地域性や総合性を目指しているものもありますが、すべて満たしているものは稀です。したがって、地域創生を担う人財を養成できていません。新しい人財養成プログラムによって、現状を打ち破っていく必要があるといえます。

イノベーションを導く人の重要性

地域創生はイノベーションであり、技術、経済、社会の革新を指します。連携を軸とする新しい地域づくりを構想・実現しなくてはなりません。

イノベーションは、リーダー・プロデューサー人財を中心とした地域に住み暮らす皆さんで起こすものです。行政が「まちを活性化したい」と意気込み、皆さんを説得しようとしても成功しません。この場合、遠くない未来に起こることをデータの裏づけをもって示すことです。同じ目線に立ち、「主体はみなさんです」「どうしたいんですか?」と問いかけます。地域の問題を「見える化」し、問いかけ、促すことにより、自ら知り気づき危機意識を感じ、地域の未来を自分たちのこととして考え始めるのことになります。

主体的に動く人財が、地域創生を可能にします。つまり、イノベーションのカギは「人財」なのです。人財は育てることが可能です。

次に、地域創生に必要な人財の養成方法について、「フロニーモス」の議論を手がかりに考えていくことにします。

「フロニーモスとは」

武田修三郎氏が展開したフロニーモス論は、歴史的な国家の盛衰をも説明しようとする、壮大な人財論です。フロニーモスはアリストテレスが使った言葉で、イノベーションを導く人という意味が重要であるとされています。

イノベーションは、「心を研ぐ」ことで生まれます。心を研ぐとは複雑なものを部分的に分解して思考することなく複雑なまま理解すること、複雑なものに匹敵するほど心を高めることです。新しい技術や知識を総合的に理解できる、より高い思考モードを完成させることなのです。

フロニーモス論のポイントは、新しい思考モードを完成させることによってイノベーションが促されるという点なのです。

明治国家はフロニーモス群生の祖型

武田氏はフロニーモス論を私たちがなじみ深い事例にも適用しています。

例えば、江戸末期に吉田松陰が開いた松下村塾からは、高杉晋作、山県有朋、伊藤博文ら明治政府の建設に参加するフロニーモスが、緒方洪庵が大坂に開いた適塾からは、橋下佐内、大村益次郎、大鳥圭介、福沢諭吉らの次代を担うフロニーモスが輩出されました。

明治維新で活躍したフロニーモスたちは、明治国家において日本の近代化を進めました。福沢諭吉は慶應義塾を開設し、近代的フロニーモス教育を実践しました。明治国家の繁栄は、フロニーモスによってもたらされたものといえます。

地域リーダーを超える人財養成と定着

このフロニーモス論を、日本の地域に応用するとどうなるでしょうか。フロニーモス論からリーダー・プロデュース人財論への移行を試みたいと思います。

リーダーとはグループの長であり、チームがあれば原則として存在します。一方、プロデューサーはグループの間をつなぐ人財です。

フロニーモスとは、心を研ぎ、イノベーションを導く人のことです。心を研ぐとは、民間企業、政治、行政、市民等の行動原理を総合的に理解し、関係者を協働へと導くことができる新しい思考モードを生み出すことです。

地域創生を成功に導く新しい思考モードを「新地域パラダイム」と呼びましょう。

地域パラダイムとは、ある時期にその地域で自ら生み出すものであり、単に他の地域から輸入してもうまくいきません。

各地域にフロニーモス的存在が必要であり、また地域創生に関わる人がまちの現場をよく知る必要があるというのは、このためです。

新地域パラダイムは、真心、恕（思いやり）、志という普遍的な部分と、地域固有の強み・弱みを反映する部分からなります。私は以前から真心、恕、志の必要性を主張してきましたが、これはどの地域でも必要な地域創生の精神の土台と位置づけていますす。一方、各地域で創造すべき部分もあります。

事業構想は①地域情報、②事業内容、③事業プロセスからなります。そこには地域創生人財養成の3要件である①地域性、②総合性、③具体性を満たすようにモデルが創られており、プログラムとして落とし込まれます。

地域情報が重視されていることから①地域性が満たされていることが全般的な思考法（全体最適・価値共創の思考）から稼ぐ地域にするために必要な事業構想の立て方までをカバーしていることから、②総合性を志向していることが、そして表の右端にある個々の要素を実現するために実践で効果が確かめられる各種のツール・方法が整備され、③具体性があることが示されています。

新地域パラダイムは実現して初めて意味があります。各地域で新地域パラダイムを構想し、広め、実現し、また構想し直すことが必要です。

そのためには、従来の議論や実践と同じくリーダー養成という課題に取り組む必要があります。リーダー・プロデューサー人財は、真のパートナー・ブレーンと協働するときに真価を発揮します。

適性の問題から、全員がリーダー・プロデューサー人財になることはありえません。また望ましくもありません。リーダー以外の、いわば周りの人も大切な人財です。

それぞれの人財が学んで自ら立ち位置を決め、目的・目標・使命を明確にしまっとうする。いわゆる役割分担です。リーダー以外に真のパートナー、ブレーン人財の存在が重要なのです。

自分の役割に知り気づき、リーダーと直接的に連携をとりつつ、リーダーを助ける存在です。単独では、リーダーは力を発揮できません。リーダー・プロデューサー人財の役割と発想を熟知し、自発的に行動する必要があります。

また、市民の地域創生への積極的な参加が求められます。主に選挙を通じて、リーダーを選ぶ市民側の能力は重要です。よきリーダーを選ぶ能力は全員が高めていく必要があります。

木村流地域創生モデルの概要

上位 ⇐ 概念 ⇒ 下位				方　法
新地域パラダイム	1）真心、恕、志（狭い自己利益の超越）			全体最適・価値共創
	2）事業構想	①地域情報	ア）産業・歴史・文化	地域産業・基幹産業（付加価値分析）
			イ）強み・弱み	他地域との比較・検討
			ウ）人的ネットワーク	キーパーソンネットワーク図
		②事業内容		広聴・傾聴・対話、五感六育®モデル
		③事業プロセス		(3+3+6+6）ヶ月 ×・2サイクル、3つの約束、「産学官金公民」連携

（著者作成）

よきリーダーを選び、その働きをチェックしていくことは、地域において基本です。地方選挙の投票率が20％台、30％台では、地域は機能しないでしょう。市民の能力開発は、地域創生の人財養成におけるこれからの最重要課題なのです。

第４章　地域創生における人間関係の重要性

世界と日本の現状

日本の地域では、少子高齢化、経済のグローバル化、国内需要の不足、特に若年層の流出などが急速に進み、自治体経営、地方財政や地場産業が厳しい状況にあります。世界的に取り組むべき、地球温暖化やCO_2の削減なども歯止めがない状況のなか、国や地域を超えて、安心・安全な地域社会の実現、持続可能な世界を実現するためＳＧＤｓ＝Sustainable Development Goals（持続可能な開発目標）の17ゴール１０９ターゲットの積極的な取り組みが求められています。

また安心安全、環境保全、使用していない所有物などをもったいないので有効に利活用する地域ビジネスの動きが活発化しています。

地域創生　成功の方程式

地域創生の重要ポイントは、拙著『地域創生　成功の方程式』（ぎょうせい）で示した３つです。

①実学・現場重視の視点

②全体最適思考

③民間参画（民できることは民で・産学官金公民連携）です。

今、思えば、私は学生時代に「まちを元気にしたい。活気を取り戻したい」と熱い夢・志で実学・現場重視の師匠に弟子入りし、ともに地域の現場を歩き、自ら地域創生の実現に向け、次の仮説を立てました。

①産業・歴史・文化を徹底的に掘り起こし、よく研き、キラリと輝く世界発信する「まち育て」、②未来を担う子供たちに愛着心を育む「ひと育て」の実践です。

地域特性、希少性を創発し、日本一を目指すことで自分も周りの人たちもモチベーションが高まります。

現在は、ストーリー（物語）戦略を頭に置き、五感（感動・四季）分析から、地場の基幹産業分析（付加価値額ランキング）と「六育（知育・食育・木育・遊育・健育・職位駒）との関連づけ、タイミング・パワー・バランス・スピード感を持ち、地場産業を発展させる企業と企業誘致を推進中で、そのネットワーク構築や産業等のクラスター化を実践中です。

地域創生における全体最適化

私のこれまでの40年間では、毎年、全国の１００超の自治体、地域現場や海外都市を周り、地域創生に関する講演・現地アドバイス、自治体経営や主要な政策立案とその実践に関わってきました。その現状や現場を観るに、キーパーソンらが地域創生に取り組むも、いまだに部分・個別最適な予算編成や事業展開にあることが実に残念です。まち全体の底上げ、いわゆる地域の全体最適化には至っていないのです。

最適化とは、「最も良い状況の創発」です。分かりやすく説明し、納得・理解を得て、一歩ずつ着実に推進したいところです。

持続可能な地域社会の実現

国や地方政治では支持者の獲得が最優先されるため、首長・議員はリーダーシップを十分に発揮できない状況にあります。持続可能な地域社会の実現には、キーパーソンと人的ネットワークの構築と、今までの経営手法、諸制度、システムや仕組みを見直し、現場の声をよく聴き、広報・傾聴・対話が大切となります。

地域を変えるチカラとは何でしょうか。

地域には、これまでも、そしてこれからも自ら真心、恕と志を持ち暮らす人、定住者が大切です。自ら知り気づきの機会となるよう、地域で汗する人々が登場するストーリー（物語）戦略が重要となります。

全員参加型が必須

会議等の参加者には、ひとの話はよく聴く、批判はしない、話はシンプルにするなどの約束事を確認のうえ、全員に3度以上の発言を習慣としたいものです。また、機会を設け、関係者以外の声を聴くことが重要です。

指標（ものさし）や期限（時間）が必要で

あり、「人間関係づくり」の棚卸しが効果的です。地域創生では、自己分析（強み・弱み）、自分史年表（テンション、外発的・内発的モチベーション度合い）の作成からスタートします。同様に、まち分析、まちの歴史年表を作成してみることです。

一度の人生、それほど時間がないので、どの強みをより強くし、どの弱みを強みにするのか、重要性と緊急性による実践事業（取り組み）の順番の確認が必要となります。

ひとの行動原理

ひとは自ら気づき、納得・理解してから行動に移します。知り気づきは「知識」であり、その実践により知識が「知恵」に変わるのです。地域創生は一体感を持った全員野球となるのが理想です。

例えば、インバスケット思考からプロセスを重視してみましょう。その場合、

問題発見（課題整理）→「五感六育®」分析→仮説→情報収集→政策立案→調整→政策決定→実践行動

となります。

この間、できる限り、多くのひとの声を聴く仕組み、納得・理解を得る創意工夫、目配り・気配り・心配りと、広聴・傾聴・対話の一連の場づくりが重要となります。

人間関係づくりの重要性

調整段階に必要なのは、師匠、真のパートナー・ブレーンです。それには人脈ネットワーク図の見える化が重要です。人脈形

成は偶然ではなく「必然」で発掘することです。また、常に四分割表で考え、根拠のない思い込み（錯覚の科学）では困ります。

人間関係づくりには、自己分析・自己理解から他者理解、そして相互理解となるよう、効果的なコミュニケーションが重要です。地域で汗する実践者やキーパーソンとの対話や次世代を担う若者や子どもたちの愛着心を育みたいものです。地元の小中高の教員の参加・協力も欠かせません。一度の人生は常に本番でやり直しはありません。時流を読み、観察力と洞察力、プレゼン力、引き出し力を研き、人生の転機は点検表により振り返りをし、常に「Why so?」「So what?」の繰り返しが重要となります。

「地域再生の本質」とは、地域創生の真のリーダー・プロデューサー人財の養成と定着、地域が自ら考え「五感六育®」などの事業構想を次世代のために、タウン・ストーリー（物語）戦略を基に、自らが熱く実践することなのです。

資料1　木村流「できない」を「できる」に変える実学・実践レジュメ

1　地域創生の本質

①実学・現場重視の視点

②全体最適思考

③民間参画［民でできることは民で！・産官学金公民連携

※タイミング、スピード、パワー、バランス、ひとネットワーク

2　地域創生実践行動

①リーダー･プロデューサー人財塾の開塾「地域創生士（仮称）の養成」

②「五感六育®」の事業構想と実現

③仕事の整理・仕事環境の改善（ソフト・ハード、モチベーション）

3　地域創生　成功の方程式

①五感（感動・四季）分析

②地場の基幹産業（付加価値ランキング）分析

③「五感六育®」の事業構想と実践

4　リーダーの類型―組織のイノベーション―

増幅型リーダー（最高）は「ひと」を育む。

消耗型リーダー（最低）は「ひと」を使う。

増幅型リーダーは掛け算・成長思考

消耗型リーダーは足し算・固定思考　自分の立場に全く気づかない

【増幅型リーダー】

①失敗の対応―原因を一緒に探す

②方向性―常に挑戦させる

③意思決定―よく相談する

④物事の実行―支える

【消耗型リーダー】

①失敗の対応―常に責める

②方向性―命令する

③意思決定―自ら決定

④物事の実行―支配する。上から目線（常に説得）

5　課題解決のメソッド

①全体最適思考による「ひと・もの・こと」の再考

②優先・劣後順位　順番の明確化

③ものを観る視点を変える

※講義・対話・観察・実践による拡大（分かりやすさ）

※全体最適なストーリー（物語）を創発、自分独自の観察法（顔色・声・表情）を研く

6　インバスケット思考

①限りある時間の中、処理しきれない仕事が多々ある状態で成果を出す仕事の進め方や判断方法

②トップが納得するのは「革新」。経験や過去の分析から現在の課題を解決する「フォアキャスト思考」では難しい。

7　リーダーの失敗学

①超プラス思考（くよくよ悩まない）

②失敗を隠さない

③失敗から学んだことを共有

8　課題解決の秘訣

①障害の事象は何か

②事象の調査分析、整理（グルーピング）

③真のテーマ、最優先事項を決定

④ Why so? So what?　最低５回繰り返す

⑤課題解決策を思考

⑥アクションプランを決定（シンプル・行動・連携・期限（時間））

9　会議のルール

① 30分会議の実践
②会議では主に「失敗談」を話す
③調整・根回し力（組織内のパワーバランス）
④賛成者と中間者
⑤立ち話の効果

10　師匠の師

①キーパーソンのブレーン
②口癖（でも、しかし）に注意し、ひとの話をよく聴く
③前向き、生産的な発言　④喋り過ぎず、疑問点を聴く
⑤不用意に敵を作らない
⑥対話
⑦結果とプロセス重視

11　仕事は「好き、楽しい、おもしろい」の創発

—真のパートナー・ブレーン、ヒューマンスキルの再点検（配慮・感謝の言葉）—

①思い込みは捨てる
②自分に制限しない
③自分の課題（やるべきこと）を明確に持つ
④仕事をシンプルにする
⑤新しいチャレンジの連続
⑥行動しない時期
⑦レジリエンス resilience

　レジリエンスの語源はラテン語の「跳ねる salire」「跳ね返す resilire」。元来はストレスと同様の物理学用語。心理学では「弾力性」「回復力」などと訳される。ストレッサーに暴露されても心理的な

健康状態を維持する力のこと。逆境に直面してもそれを克服していく力のことをいう。

12 アイデアの企画力

①ゼロから生み出そうとしない
②平凡なアイデアを進化させる
③既存アイデアの組み合わせ
④オズボーンのチェックリスト－9つの質問
（他の使い道、他に似たもの、変更、大きく、小さく、置き換え、配置・並び替え、逆に、組み合わせ）
⑤場所を変えてみる
⑥ブレーンストーミング4鉄則＋One
（質より量、自由奔放、批判禁止、統合改善、自己規制禁止）
⑦アイデアを再考

13 コンディションを常に万全に保つ（心身一如）

①休息、栄養（摂取基準）、運動
②睡眠時間の確保
③コアタイムと見直し時間

14 地域創生SDGsの実践

①地域の新たなコミュニティ拠点の形成（防災減災・物流・情報・省エネルギー）
②防災対応・省エネモデルの構築（医療・福祉・介護施設等）
③ストーリー（物語）戦略・事業構築・人財養成と定着を創発する「五感六育®」映画の制作
④職場環境の改善モデル（疲労医学）の構築、地域創生塾コワーキングスペースの運営
⑤地域プロデューサー人財養成・定着プログラムの実施（人間関係づくり・事業構想・ネットワーク構築）

⑥地場産業振興・起業・企業誘致のあり方、事業承継の調査分析・実践（論文・書籍出版）
⑦日本地域創生学会の展開（国内外での地域創生事業の実践・産官学金公民連携・地域創生士（仮称）の養成
⑧オンラインサロン木村塾＝地域創生「木村塾」の開塾（2019年6月～）

15　あなたはどの分野の何をどこまで明らかにし、どこから次世代へ引き継ぎ、進化させるのか

農家五訓　　横井時敬

一　一家を富すは、国家のためと心得、奢侈を戒め、勤倹の心掛肝要の事
二　一家の富は事業の改良に原づくこと多きものなれば、学理を応用する心掛肝要の事
三　一家の幸福は、社会の賜なれば、公共の為には応分の務を尽し、公徳を修むる心掛肝要の事
四　共同戮力は最も大切なことなれば、小異を捨てて大同に合し、個人とともに公共の利益を進むるの心掛肝要の事
五　農民たるものは国民の模範的階級たるべきものと心得、武士道の相続者を以て自ら任じ、自重の心掛肝要の事

資料2　地方創生に有効なフレームワーク

地域創生を事業構想し、実践する上で先行研究やフレームワークを思考ツールとして活用することが重要です。私が提唱している「五感六育®」分析が全てではありません。先人の様々な手法を駆使して実現したいものです。そのフレームワークの一部を紹介します。

詳細は各専門書等で確認ください。

1　政策立案のフレームワーク

①３つの視点で考える３C分析

経営に大切な利害関係のある顧客（Customer）、競合（Competitor）、自社（Company）の視点で分析し、バランスの良い戦略を立案するもの。協力者（Co-operator）を加えて４C分析とする場合もある。

②内部と外部環境で考えるＳＷＯＴ分析

内部環境（地域資源）の強み（長所・Strengths）と弱み（課題・Weaknesses）、外部環境の機会（追い風・Opportunities）と脅威（向かい風・Threats）を組み合わせて戦略を立案するもの。

③３つの資源を活用する３M分析

事業推進の「ひと・Men」、設備等の「もの・Materials」、「かね・Money」の３つの資源からなり、効果的に利活用していくもの。４つめの資源に「情報」がある。人と人との関係性が資源として注目されている。

④内部資源の競争力をみるVR10分析

地域資源と活用能力を経済価値（Value）、希少性（Rarity）、模倣困難（Inimitability）、組織（Organization）で分析するもの。

⑤価値連鎖を表現するバリューチェーン分析

直接価値を生む活動（主活動：購買・製造・物流・販売・サービス）と主活動をサポートする活動（支援活動：全般管理・人事管理・研究開発・調達）とに分解し、それぞれが生み出す価値とコストを分析するもの。

2　企業活動のフレームワーク

①市場の捉え方を考えるＳＴＰ分析

顧客、ニーズや特性等による切り口で市場を細分化（Segmentation）し、標的（Targeting）領域を決め、競合と差別化できる独自の位置取り（Positioning）をするもの。ポジショニングマップを使用すると理解しやすい。

②独自の位置を見える化するポジショニングマップ分析

ターゲット対象の顧客が商品購入する際に最重要視する２つの要因を選び、それを軸にしてマトリックスを作成し、商品の占める位置や各地域の領域を描き、次に他地域と差別化できる独自ポジションを探していくもの。レッドオーシャンに陥らないように注意が必要。

③売れる仕組みを考える４Ｐと４Ｃ分析

４Ｐとは、４つの要素、製品（Product）、価値（Price）、流通（Place）、促進（Promotion）を組み合わせ、売れる仕組みを考えるもの。

４Ｃとは、４つの要素、顧客の価値（Customer value）、顧客のコスト（Customer cost）、利便性（Convenience）、コミュニケーション（Communication）を組み合わせ、買い手の視点で考えたもの。

④商品を市場化するプロダクトアウトとマーケットイン分析

プロダクトアウトとは、作り手の視点で商品開発するものであり、マーケットインとは、顧客の視点で商品開発をするもの。

⑤価値の最適化を考えるバリュー分析

顧客の満足度と期待度を比較し、顧客が支払うコストに応じた価値を提供するもの。商品開発に使用のバリュー・エンジニアリング（価値工学）につながるもの。

3　問題解決のフレームワーク

①問題を適正に発見する現状・あるべき姿（ギャップ）分析

現状とあるべき姿の差（ギャップ分析）」を明らかにし、問題の大きさや特質を正しく把握するもの。

②要因をもれなく対策する特性要因図分析

右側に検討テーマを記し、主な要因をもれなく記し、かつ、要因の細分化をし、本質を全て洗い出すもの。

③もれなくダブりなく選択肢を検討するロジックツリー分析

解決すべきテーマに関し、考えられる選択肢に漏れやダブりなく「なぜ？」で分解し、ツリー図にしたもの。ディシジョンツリーあり。

④新たな発想を生むブレーンストーミング（ブレスト）分析

批判なし、自由発言、質より量、便乗ありの４つのルールによる新たなアイデアを発送し、ブラッシュアップするもの。「いいね！」など、チーム力の向上の工夫が必要。

⑤アイデアを創発するSCAMPER分析

代用、結合、応用、修正（拡大）、転用、削除（削減）、逆転（再編集）できないか、７つの切り口からアイデアを創発するもの。

4　経営管理のフレームワーク

①仕事改善の基本ＰＤＣＡ分析

仕事の仕方を継続的に改善するため、計画（Plan）、実行（Do）、検証（Check）、改善（Action）のサイクルを回すもの。デミングサイクルともいう。

②事業を具体化する５Ｗ１Ｈ分析

抽象的な事業を、何を（What）、誰が（Who）、いつ（When）、どこで（Where）、なぜ（Why）、どのように（How）で具体化するもの。

③事業を効率化する３Ｍ分析

３つの非効率なムリ（負荷）、ムダ（余剰）、ムラ（ばらつき）を洗い出し、適切な対応をするもの。

④職場管理の５Ｓ分析

整理、整頓、清掃の３Ｓに清潔を保ち、躾を習慣化するもの。ホウレンソウ（報告・連絡・相談）をすることが大切。

⑤問題の本質を見る３現主義分析

問題が発生した現場へ行き、現物を見て、触れて、現実を知り気づくもの。五感を活かして現実を知り気づくことが重要。

５　組織・チーム活性化のフレームワーク

①一体感を創発するＭＶＶ分析

組織・チームの一体感を創発するため、ミッション（Mission）、ビジョン（Vision）、バリュー（Value）を明確化するもの。理念の共有が重要であり、ひと、しくみ、風土に働きかけ、組織・チームの活性化を目指す。

②メンバーを活かすハーマンモデル分析

組織メンバーの行動を、左脳が強い理性派・堅実派、右脳が強い創造派・感覚派の４タイプに分け、自己理解や他者理解を深め、特性を活かすもの。

③個人改革のＧＲＯＷモデル分析

対話を通じて、自らの変革を目標設定（Goal）、現状把握（Reality）、資源発見（Resource）、選択肢創出（Option）、意思確認（Will）の５つのステップを踏み、自分で答えを見つけ目標行動へと導くもの。

④リーダーシップ発揮のＰＭ理論分析

リーダーに求められる課題達成（Performance）機能と集団維持（Maintenance）機能の２つを目指すもの。

⑤事業で成長する経験学習モデル分析

具体的な経験の後で振り返り省察、概念化し、次に積極的に実践してみるもの。

□証拠（エビデンス）に基づく政策立案　ＥＢＰＭ手法

ＥＢＰＭとは「Evibence Based Policy Making」のこと。ロジック・モデルの作成など、事業が最終的に目指す目標をどのような道筋で実現しようとするのかを体系的に図示したもの。エビデンスには「現状把握のためのエビデンス」と「政策効果把握のためのエビデンス」がある。

□ランダム化比較試験　ＲＣＴ手法

ＲＣＴとは「Randomized Controlled Trial」のこと。被教者を無作為（Raundom）に２群（以上」）に分け、片方の群には治療・投薬を行う（処置群　Treatment group）、他の群にのみ治療・投薬を行う（処置群　Treatment group）。事後の健康状態を観察し、２群を比較することで効果を把握するもの。現在、環境問題の分野でも応用されている。

資料③　自分の「まち」チェック表

Yes	No	
		域内外に全体最適な新たな構想、展開がまったく見えない
		地域創生リーダー・プロデューサー人財がいない
		次世代を担う人財養成が進んでいない
		やっても無駄という風潮が蔓延している
		地場産業を強化するための起業や企業誘致がない
		まちの希少性ある資源の調査分析ができていない
		事業構想やその実践がバラバラで部分個別最適になっている
		国内外から地域内に必要な人財の調達ができていない
		復旧・復興がまったく進んでいない
		まちの事業構想に全体最適なストーリー性が見えない
		「できない」を「できる！」に変える創意工夫がない
		まちの持続性を高めるため、団体・企業等の事業承継の動きがない
		子供から大人まで、まちの「ひと・こと・もの」、地域創生に関心がない

（著者作成）

資料4　日本地域創生学会の歩み

2017年

8月26日　設立大会（東京大学）

〈設立総会〉

基調講演

和泉洋人（首相補佐官）

鈴木佑司（ユネスコ協会連盟理事長）

〈分科会〉

―地域創生―

①「全国自治体職員の集い」の新たな展開を考える

②全国首長・地方議員の今後の展開を考える

③地域企業や民間団体の今後の展開を考える

―地域政策の現状と課題―

④地域産業育成

⑤地域人財養成

⑥地域からの情報発信

12月2日　地域創生フォーラム（東京大学）

基調講演

小峰隆夫大正大学教授

井上宏司農水省食糧産業局長

2018年

3月11日　地域創生フォーラム（東海市）

基調講演

木村俊昭地域創生学会会長

パネルディスカッション

6月30日　地域創生フォーラム（東京）

基調講演

和泉洋人首相補佐官

全国事例報告

行方市、鴨川市

8月25日　総会・研究大会（東海市）

研究大会

地域創生鼎談

榊原有佑（映画監督）

西川悟平（ピアニスト）

木村俊昭（学会会長）

基調講演
　京都大学橘木俊詔名誉教授
　童門冬二（歴史小説家）
10月10日　地域創生フォーラム（東京）
パネルディスカッション
「大学生の鼎談」

2019年

1月27日　地域創生フォーラム（東京）
基調講演
　川崎穂高総務省消防庁国民保護・防災課長
8月24日　総会・研究大会（沖縄市）
総会・モデル事業の募集
　①自治体等のモデル事業の募集
　②地域創生連携講座の開講
　③国内外「ひと」ネットワーク化と海外支援事業の展開　ほか
研究大会
　地域創生 song 披露
基調講演
　琉球大学高良倉吉名誉教授
　文部科学省芦立訓文部科学審議官

分科会
　①行政
　②経済
　③社会

以下、総会・研究大会の開催他（予定）

2020年

8月29日　北海道文教大学（北海道恵庭市）
挨拶・講和
　・テーマ「値域創生　事業構想と人材育成プログラムの実践」
　日本地域創生学会　木村俊昭会長
来賓挨拶・講和
　・テーマ「高等教育政策のトレンドと大学の地域貢献―少子化時代の経営戦略―」
　文部科学省　芦立　訓文部科学審議官
基調講演講師3名決定！
　・テーマ「人生100年時代　80代からの地域創生の事業構想と実践」
　ICTエヴァンジェリスト
　若宮正子さん

・テーマ「地域医療の現状・課題と将来のあるべき姿」
厚生労働省大臣官房　迫井正深審議官
・テーマ「まち再生　防災・減災に強いまちづくり」
独立行政法人都市再生機構
中島正弘理事長

開催他（予定）

２０２１年　日本武道館（東京都）
２０２２年　ハノイ貿易大学（ベトナム）
２０２３年　東京大学（東京都）
２０２４年　インドネシア大学（インドネシア）
２０２５年　東京農業大学（東京都）
２０２６年　マラヤ大学（マレーシア）
２０２７年　兵庫大学（兵庫県加古川市）
２０２８年　ルフナ大学（スリランカ）
２０２９年　慶應義塾大学（東京都）
２０３０年　マヒドン大学（タイ）

資料5　地域創生の実施—これまで関わった自治体一覧とプロジェクト—

（順不同・敬称略）

全国

内閣官房・内閣府
人事院
総務省
厚生労働省
農林水産省
人事院公務員研修所
市町村アカデミー
地域活性化センター
全国市町村国際文化研修所
全国町村会地域農政未来塾
地方自治研修機構
自治大学校
消防大学校
中小企業大学校
日本政策学校
中小企業基盤整備機構
経済産業研究所
地方議会総合研究所
商工中金
全国消防長会
全国地方銀行協会
国際観光施設協会
日本青年会議所
全国過疎問題シンポジウム
全国過疎地域自立促進連盟対策担当職員研修会
全国納豆鑑評会
日本木材青壮年団体連合会
内外情勢調査会
龍馬プロジェクト
エコジャパン
キャリアデザインネットワーク
地域創生プロジェクト
イキイキ健康増進シンポジウム
地方創生島おこしプロジェクト
リビングネットワーク会議
全国しごとおこしまちおこし情報交流会
共同通信社
時事通信社
ドラッカー学会

北海道

北海道胆振教育局
北海道財務局
北海道教育局オホーツク教育局
北海道上川総合振興局
岩見沢市
清里町
蘭越町
訓子府町
中頓別町
遠軽町
網走商工会議所青年部
東広島市黒瀬商工会議所
北海道48青年会議所
札幌青年会議所
北広島青年会議所
砂川青年会議所
登別室蘭青年会議所
森青年会議所
紋別青年会議所
札幌市社会福祉協議会
小樽商科大学
北海道大学
根室人財育成塾

北海道ゆうばり創業塾
札幌厚別倫理法人会
中小企業同友会別海地区
自治労札幌市全国学校組合
札幌市厚別もみじ台
JAグループ北海道
北海道技能士会
中小企業同友会とかち支部・釧路支部
地域活性学会北海道支部
NEC販売会北海道
北海道法人会女性部
大塚商会札幌支店25周年感謝祭

青森県
青森県
青森市
平内町
八戸学院大学
青森県洋野町農村振興会

岩手県
奥州市
町村議会議長会
宮城県
村田町
宮城県市町村研修所
東北自治研修所
宮城県市町村振興協会
日本青年会議所東北地区

秋田県
秋田県
秋田県町村会
秋田市
由利本荘市
男鹿市
秋田さきがけ政経懇話会

山形県
酒田市
酒田商工会議所
酒田青年会議所
東根市
村山市・村山市議会
米沢青年会議所
山形・学園都市推進協議会
山形新聞
山形CM

福島県
福島県町村会
福島市
会津美里町
イワキ総合研究所
福島県市町村振興協会
福島高等学校

茨城県
茨城県
茨城県市議会議長会
茨城県教育庁
行方市
取手市
つくば市
つくば商工会議所
茨城県ホテル旅館組合
茨城南青年会議所
茨城県水戸生涯学習センター
行方商工会議所青年部
茨城県北生涯学習センター
茨城県青年育成協議会

栃木県
栃木県市町村振興協会

群馬県
渋川市
富岡市農政課
富岡市稼ぐ農業プロジェクト
群馬県町村総務財政気化器担当課長研修会

埼玉県
埼玉県
飯能市
秩父地域おもてなし観光公社
埼玉中央青年会議所
川越青年会議所
朝霞青年会議所
飯能青年会議所
行田青年会議所

千葉県
市原市
流山市
鋸南町
千葉県自治研修センター
市川青年会議所
千葉県青年会議所青年部
千葉県経営者協議会

東京都
立川市
瑞穂町
町田市国際ロータリークラブ
東京大学
慶應義塾大学
明治大学
東京農工大学
立教大学
法政大学
独協大学
東京農業大学第三高等学校
豊島区商店街
社会起業大学

神奈川県
横須賀青年会議所
海老名青年会議所

新潟県
新潟市
柏崎青年会議所
村山青年会議所
村山地方町村会
燕三条青年会議所
新潟大学

富山県
氷見青年会議所
となみ青年会議所

石川県
日本青年会議所石川ブロック

福井県
福井県
福井市

長野県
諏訪信用金庫
信州ＩＴバレー構想キックオフシンポジウム

岐阜県
美濃加茂市
岐阜県市町村振興協会
大垣青年会議所
岐阜県東農地域５市議会議長会

静岡県
沼津市

愛知県
小牧市

三重県
津・志摩塾

滋賀県
野洲市

京都府
亀岡市
宮津市
同志社大学

大阪府
泉大津市
岸和田市議会
泉大津商工会議所

大阪大学
マッセ大阪次世代型連続講座
兵庫県
姫路青年会議所
武庫川女子大学
神戸大学
兵庫大学
奈良県
御所市
吉野町
吉野村
奈良商工会議所青年部
和歌山県
地域づくりネットワーク和歌山県協議会
島根県
島根県市議会議長会
中海宍道湖大山圏域市長会
島根県立大学
山陰合同新聞社
岡山県
岡山県
真庭市
広島県
神石高原町
広島青年会議所
山口県
山口県
徳島県
徳島市議会
香川県
善通寺市
香川県長村議会議長会
愛媛県
愛媛政経懇談会
えひめ地域政策研修センター
福岡県
九州各県協会
大牟田市
築上町
福岡県町村議長会
西日本産業貿易コンベンション協会
佐賀県
佐賀県市町村振興協会
長崎県
五島市
長崎県市町村振興協会
熊本県
天草市
上天草市
山都町
熊本県相良村
大分県
別府市
中津商工会議所青年部
宮崎県
日南市
串間市
日向市
都城市
高鍋町
宮日政経懇話会
鹿児島県
鹿屋市やねだん
沖縄県
沖縄県
那覇市
沖縄市
金武町
沖縄県職員研修協会

ほか

資料6　参考文献一覧（発行年順）

田村明『都市ヨコハマをつくる』中公新書　1983
松下圭一『都市文化をデザインする』有斐閣　1984
田村明編著『自治体の政策形成』学陽書房　1989
宮本憲一・横田茂・中村剛治郎編『地域経済学』有斐閣　1990
伊藤順康『自己変革の心理学』講談社新書　1990
M・ポーター『競争の戦略』ダイヤモンド社　1995
齋藤嘉則『問題解決プロフェッショナル「思考と技術」』ダイヤモンド社　1997
産業能率大学VE研究グループ『新・VEの基本』産能大出版部　1998
伊藤章雄『フットワークのいい行政マン　地方公務員の人生読本』都政新報社　1999
高橋誠『問題解決手法の知識』日経文庫　1999
金井壽宏『経営組織』日経文庫　1999
齋藤嘉則『問題発見プロフェッショナル「構想力と分析力」』ダイヤモンド社　2001
E・ゴールドラット『ザ・ゴール』ダイヤモンド社　2001
Daniel H. Kim『Organizing for Learning』Pegasus Communications　2001
永田豊志『知的生産力が劇的に高まる　最強フレームワーク100』SBクリエイティブ　2002
D・キム他『システム・シンキング　トレーニングブック』日本能率協会マネジメント　2002
Jコッター『企業変革力』日経BP　2002
J・バーニー『企業戦略論』ダイヤモンド社　2003
D・ウルリヒ他『GE式ワークアウト』日経BP社　2003
加藤昌治『考具』CCCメディアハウス　2003

味方守信・大澤茂『バランス・スコアカード徹底活用ガイド』生産性出版　２００３
Ｅ・シャイン『キャリア・アンカー』白桃書房　２００３
フィンケルシュタイン『名経営者がなぜ失敗するのか』日経ＢＰ　２００４
石川忠幸、小野隆一『戦略リーダーシップ』東洋経済新報社　２００４
堀公俊『組織変革ファシリテーター』東洋経済新報社　２００６
Ｅ・ダービー他『アジャイルレトロスペクティブズ』オーム社　２００７
産業能率大学総合研究所『知的思考の技術』産能大出版部　２００７
森時彦他『ファシリテーターの道具箱』ダイヤモンド社　２００８
手塚貞治『戦略フレームワークの思考法』日本実業出版　２００８
堀公俊、加藤彰『ワークショップ・デザイン』日本経済新聞社　２００８
オズボーン『創造力を生かす　アイデアを得る38の方法』創元社　２００８
末吉興一『自治体経営を強くする「鳥の目」と「蟻の足」』財界研究所　２００８
福澤英弘『人材開発マネジメントブック』日本経済新聞社　２００９
塚原美樹『マインドマップ戦略入門』ダイヤモンド社　２００９
武田修三郎『心を研く　フロニーモスたち　イノベーションを導く人』宣伝会議　２００９
堀公俊、加藤彰『ロジカル・ディスカッション』日本経済新聞社　２００９
稲継裕昭『現場宣言！　自治体の人材育成』学陽書房　２００９
豊田章一郎監修・武田修三郎・日本産学フォーラム編著
『心を研く力　産官学リーダーの人づくり改革が始まった』宣伝会議　２００９
Ｋ・ブランチャード他『リーダーシップ行動の源泉』ダイヤモンド社　２００９
堀公俊『チーム・ファシリテーション』朝日新聞社　２０１０

端山義博・荒田英知『末吉興一の首長術　前北九州市長が紡いだ都市経営の縦糸・横糸』PHPパブリッシング　2010年
石原武政・西村幸夫『まちづくりを学ぶ　地域再生の見取図』有斐閣　2010
木村俊昭『「できない」を「できる！」に変える』実務教育出版　2010
清成忠男『地域創生への挑戦』有斐閣　2010
西村克己『仕事の速い人が使っている問題解決フレームワーク44』学研プラス　2011
野口吉昭編『課題解決の技術』PHP研究所　2011
坪田知巳『ふるさと再生　架け橋を創る人たち』講談社　2011
稲継裕昭『現場宣言！　プロ公務員の変革力　成功をもたらす7つの力』学陽書房　2011
木村俊昭『自分たちの力でできる「まちおこし」』実務教育出版　2011
D・グレイ他『ゲームストーミング』オライリージャパン　2011
島原隆志『究極の判断力を身につけるインバスケット思考』WAVE出版　2011
西村克己『決断の速い人が使っている戦略決定フレームワーク45』学研パブリッシング　2012
堀公俊、加藤彰『アイデア・イノベーション』日本経済新聞社　2012
童門冬二『恕　日本人の美しい心』里文出版　2012
日本都市研究センター編『地方公務員になろう　今日からあなたも地域デビュー』ぎょうせい　2012
D・シベット『ビジュアル・ミーティング』朝日新聞出版　2013
T・ブザン他『ザ・マインドマップ』ダイヤモンド社　2013
三谷宏治『経営戦略全史』ディスカヴァー・トゥエンティワン　2013
小塩真司『最新心理学事典』平凡社　2013
林奈生子『自治体職員の「専門性」概念　可視化による能力開発の展開』公人の友社　2013

瀬沼頼子・齋藤ゆか編著『実践事例にみるひと・まちづくり　グローカル・コミュニティの時代』ミネルヴァ書房　２０１３
堀公俊『ビジネス・フレームワーク』日本経済新聞社　２０１０
キーオ『ビジネスで失敗する人の10の法則』日本経済新聞社　２０１４
湯浅良雄・大西正志・崔英靖『地域再生　行政に頼らない「むら」おこし』晃洋書房　２０１４
豊重哲郎『地域再生　地域創生学』出版企画あさんてさーな　２０１４
C・キム他『ブルーオーシャン戦略』ダイヤモンド社　２０１５
ワイズマンほか『メンバーの才能を開花させる技法』海と月社　２０１５
本間正人・松瀬理保『コーチング入門』日本経済新聞社　２０１５
リチャード・S・テドロー『なぜリーダーは「失敗」を認められないのか』日本経済新聞社　２０１５
阿比留眞二『最高のリーダーは、チームの仕事をシンプルにする』三笠書房　２０１６
木村俊昭『地域創生　成功の方程式』ぎょうせい　２０１６
D・ピンク『モチベーション3・0』講談社　２０１５
ピープルフォーカス・コンサルティング『組織開発ハンドブック』東洋経済新報社　２０１６
木村俊昭『地域創生　実践人財論』ぎょうせい　２０１７
堀公俊、加藤彰『ディシジョン・メイキング』日本経済新聞社　２０１７
川喜田二郎『発想法　創造性開発のために』中央公論新社　２０１７
足達英一郎・村上芽・橋爪麻紀子『ビジネスパーソンのためのSDGsの教科書』日経BP　２０１８
川原慎也『今度こそ実践できる！　最強のRDCA』ナツメ社　２０１８
石田秀樹・古川柳蔵『正解のない難問を解決に導く　バックキャスト思考』ワニブックス　２０１８
山内雅憲、木村俊昭他『人間関係づくりとコミュニケーション』金子書房　２０１９
橋本忠朗「リーダーの失敗学」『日経Biz』

あとがき

本書籍を手に取っていただき、最後までお読みくださり、ありがとうございました。心から感謝いたします。ここからは、ぜひ、書籍内容を参考にして、地域の希少性を発揮した事業構想と実践を真のパートナーとともにスタートしてください。

自分自身の project goal と overallgoal は何なのか。①順番、②視点、③ストーリー（物語）を考え実践行動が重要です。

本年から国内では自治体10か所で地位創生モデルの創発、海外では数か所で実践行動します。一度の人生、日程が可能な限り、協力・応援いたします。

地域創生には経済活性化が必須といえますが、まずは、どのように考えるといいのでしょうか。

やはり、地域内で物々交換を想定したとしたら、どの程度の「ひと」「こと」「もの」が確保できるのかです。不足の「ひと」「こと」「もの」をどこからどのように調達するのか、いつ何時、誰をパートナー・ブレーンとしてサポートしてもらうのかなのです。すべて強みというまちはありません。「五感（感動・四季）分析」から「基幹産業（付加価値額ランキング）

分析」、そして「六育」バランスの検証。この構造を解明するところからスタートしてみることです。そこに至るプロセスも重要です。

次に、実学・現場重視、全体最適な「ストーリー（物語）戦略」が重要ということがよく見えてきます。産業・歴史・文化においても、その継続性にはストーリー戦略が重要であり、同時に人財養成プログラムの作成と実践が必要となります。地元の次代を担う子どもたちの関わり、愛着心を育む取り組みも重要です。

想えば、本書では、幼少期から自己分析・自己理解をし、必然でパートナー・ブレーンを探し、学問から実践と現場重視の「実学」へと進めてきました。

少しでも、ひとのため、地域のために、「黒子役」として何ができるのか、現時点の「できない」を「できる」に変えることとは何か。そして、その大切さをわかりやすく創発することが地域コミュニティ形成に大切ということを体感してきました。

何よりも、「真心」と「恕」と「志」、overall goalを明確にし、まずは足元から実践を繰り返し、「世界観」を研くことです。地域にはリーダー・プロデューサー人財の養成が必要であり、実学・現場重視のストーリー（物語）を作成でき得る人財が重要となってきました。

例えば、地域を支える１００年以上継続している地場産業・企業群は、その生き残りには何が要因と言えるのでしょう。現在、現場ヒアリングをし、調査分析をしていますが、やはりどの企業も、企業内外に常に「理念、目的・目標・使命」を明確化しています。そこには、やはり明確な「ストーリー戦略」があります。黒字でも事業承継しないで廃業する企業があるなか、地場産業振興の視点から、この調査分析の詳細は令和3（2021）年8月に事業承継に関する書籍を出版する予定です。

大学や大学院では教えない、人間関係づくり、事業構想や実践、チームワークの大切さ、プレゼンテーションの仕方や、履歴書の書き方などを本書籍で解説しています。社会人になり、最初に壁にぶち当たり、すぐ諦めてしまうことがないように、本書籍を読んで、ひとつずつ実践してみてください。

地域創生に取り組む、第一線の社会人の皆様はもちろんのこと、高校、大学・大学院のテキストなどとしても活用していただき、実践いただくことを願っています。

すでに世界はＡＩの発達によって、日々、激変しています。例えばＡＩを活用し最適な販売価格を dynamic pricing として決定する「しくみ化」など、ＡＩやＡＣＴなどかなりのスピードで進化していくことでしょう。ですが何事にも「ひと」が関わることがなくなりはしません。

一度の人生において、「あなたはどの分野の何をどこまで明らかにし、どこから次世代を引き継ぐのですか？」

「好き、楽しい、おもしろい」の実現がモチベーションを高め、持続性を高めます。これから日本が向き合うべきなのは、ＡＳＥＡＮ諸国をはじめ、海外諸国との、人的な交流、地域創生実践モデルの導入による信頼関係の構築がとても重要です。

本書籍において、自ら知り気づき、実践行動し、地域創生が着実に広がり、豊かで暮らしやすさを実感できる世界が実現することを願います。出版に協力いただいた皆様に心からお礼申し上げ、「笑顔、感動と感謝」が広がることを心から願い、「あとがき」とさせていただきます。

この原稿書き時に約10時間におよぶ手術を無事終えた82才の実母の体力・気力に感動しつつ、本当に温かく見守り支えてくれている親愛なる父母、家族に心から感謝を込めて。

令和2年3月25日

木村　俊昭

木村　俊昭（きむら　としあき）

東京農業大学教授、博士（経営系）日本地域創生学会会長、実践総合農学会理事、一般社団法人日本事業構想研究所代表理事、内閣官房シティマネージャー、総合政策アドバイザー

北海道生まれ。慶應義塾大学大学院博士後期課程単位取得。小樽市産業振興課長、産業港湾部副参事（次長職）、2006年から内閣官房・内閣府企画官、2009年から農林水産省企画官等を経て現職。

大学・大学院での講義のほか、地域創生人財塾の開塾、国内外において命育から「五感六育」事業構想・実践、講演・現地アドバイス等を実践中。

NHKテレビ「プロフェッショナル　仕事の流儀　木村俊昭の仕事」、フジテレビ「新報道2001」、BSフジ「プライムニュース」、BSテレ東「日経プラス10」などに出演。

執筆講演活動のほか、近年は「親子で考える地域創生絵本」や「五感六育」による地域創生映画の制作など、実践中である。

著　書

『「できない」を「できる！」に変える』（実務教育出版　2010）
『自分たちの力でできる「まちおこし」』（実務教育出版　2011）
『地域創生　成功の方程式―できる化・見える化・しくみ化―』（ぎょうせい　2016）
『地域創生　実践人財論―真心・恕・志ある汗かき人たちー』（ぎょうせい　2017）
『人間関係づくりとコミュニケーション』（金子書房・共著　2019）
雑誌連載「月刊　毎日フォーラム」ほか

決定版　地域創生の本質　―イノベーションの軌跡―

2020年3月25日　初版第1刷

著　者　　木　村　俊　昭
発行者　　梶　原　純　司
発行所　　ぱるす出版　株式会社
東京都文京区本郷2-25-14　第1ライトビル508　〒113-0033
電話（03）5577-6201　FAX（03）5577-6202
http://www.pulse-p.co.jp
E-mail　info@pulse-p.co.jp

本文デザイン　オフィスキュー／表紙デザイン　㈱WADE

印刷・製本　株式会社平河工業社

ISBN 978-4-8276-0254-8　C2034